Trösten – aber wie?

Der fragende Mensch braucht eine Antwort, keine Worte.
Der zweifelnde Mensch braucht Zuspruch, keine Sprüche.
Der verzweifelte Mensch braucht Trost, keine Vertröstung.

PETRUS CEELEN

Klaus Schäfer

Trösten – aber wie?

Ein Leitfaden zur Begleitung von Trauernden und Kranken

Verlag Friedrich Pustet
Regensburg

Bibliografische Information der Deutschen Nationalbibliothek

Die Deutsche Nationalbibliothek verzeichnet diese Publikation
in der deutschen Nationalbibliografie;
detailierte bibliografische Daten sind
im Internet über http://dnb.d-nb.de abrufbar.

5. Auflage 2019
ISBN 978-3-7917-2204-7
© 2009 by Verlag Friedrich Pustet, Regensburg
Umschlaggestaltung: Atelier Seidel, Neuötting
Satz: Vollnhals Fotosatz, Neustadt a. d. Donau
Druck und Bindung: Friedrich Pustet, Regensburg
Printed in Germany 2019

wwww.verlag-pustet.de

Inhaltsverzeichnis

Vorwort 10

Einleitung 11
   Trösten – ein urmenschlicher Auftrag 11
   Trauernde oder Leidende? 12
   Tröster oder Begleiter? 12
   Die Ausführung des Tröstens 13
   Gute Absicht allein genügt nicht 14
   Folgen falschen Tröstens 15
   Das Hohelied des Tröstens 17

1. Kaleidoskop des Leids 18
  1.1 Was ist Leid? 18
    Tod und Trauer 18
    Ende einer Beziehung 18
    Zerbrechen von Familienstrukturen 19
    Verlust von 19
    Unfall und Krankheit 19
    Gewalt   20
    Ungerechtigkeit 20
    Leid als Folge von Leid 20
    Unabänderliches und veränderbares Leid 21
    Naturbedingtes und von Menschen
      verursachtes Leid 23
    Leid ist subjektiv 24
    Leid ist relativ 25
    Das Chaos des Leids 25
    „Ein Unglück kommt selten allein" 25
  1.2 Leid durch den Tod geliebter Menschen 26
    1.2.1 Zwei Grundformen des Sterbens 26
      Plötzlicher Tod 26
      Langsames Sterben durch Krankheit und Alter 28
    1.2.2 Einige Sonderfälle des Sterbens 29
      Tod von Kindern 29
      Tod durch Schwangerschaftsabbruch 31

	Tödliche Krankheit	32
1.2.3	Trauer endet nie	33
1.3	Grundformen der Verarbeitung von Leid	35

2. Sprache, das Werkzeug des Tröstens ... 37
2.1 Kommunikationsmodelle ... 37
    2.1.1 Die vier Ebenen der Kommunikation ... 37
        Beziehungsebene ... 37
        Sachebene ... 39
        Apellebene ... 39
        Selbstoffenbarung ... 39
        Die Allgegenwart der vier Kommunikationsebenen ... 41
        Beachtung der vier Kommunikationsebenen beim Trösten ... 42
    2.1.2 Themenzentrierte Interaktion (TZI) ... 43
        Die Bedeutung des „Globes" ... 43
        Die Gänze des Leids erfassen – Zur Bedeutung des „Globes" beim Trösten ... 46
    2.1.3 Nicht-direktive Gesprächsführung ... 46
2.2 Vom Umgang mit Sprache beim Trösten ... 48
    2.2.1 Bedeutung der Wortwahl ... 49
    2.2.2 Bedeutung des Satzbaus ... 52
        Fragen ... 53
        Bitten ... 53
        Appelle ... 53
    2.2.3 Die Wahl der Ausdrucksweise ... 54
        Religiöse bis säkulare Ausdrucksweise ... 54
        Hoffnungsvolle bis ergebnisoffene Ausdrucksweise ... 55
        Forderung oder Wunsch? ... 58
        Offene Fragen stellen ... 61
        Anteilnahme oder Verhör? ... 63
        Sprachlosigkeit zum Ausdruck bringen ... 64
        Sprachlosigkeit durch Körpersprache ausdrücken ... 65
        Sprachlosigkeit durch Sprache ausdrücken ... 65
        Klang der Sprache ... 66

3. **Kaleidoskop des Tröstens** ... 68
3.1 Über die Trauer ... 68
   3.1.1 Symptome der Trauer ... 68
         Weinen ... 68
         Schlapp sein wie ein leerer Luftballon ... 68
         Konzentrationsprobleme, Vergesslichkeit ... 69
         Verlust von Lebensfreude ... 69
         Verlust von Lebenswillen ... 69
         Verlust des Lebenssinns ... 69
   3.1.2 Vorauseilende Trauer ... 69
   3.1.3 Das Trauerjahr ... 70
   3.1.4 Trauerzeit ... 73
         Trauerarbeit? ... 73
         Ausweinen ... 73
         Aussprechen ... 73
         Tagebuch schreiben ... 73
         Sich verwöhnen ... 74
         Kreativität ... 74
         Glaube und Religion ... 74
3.2 Über das Trösten ... 75
   3.2.1 Hinabsteigen in die Tiefe des Leids ... 75
   3.2.2 Mitleiden – mittrauern ... 76
   3.2.3 Leid erkennen ... 77
         Mit Herz (Gefühl) Situationen erfassen und verstehen ... 78
         Das eigene Gefühl ... 78
         Der Händedruck ... 78
         Der Klang der Stimme ... 78
         Durch das Gespräch erzeugte Gefühle ... 79
         Mit dem Kopf (Verstand) erkennen und verstehen ... 79
         Die medizinische Behandlung ... 79
         Die Körperhaltung ... 79
         Das gesprochene Wort ... 80
         Die Wortwahl ... 80
   3.2.4 Der Deal – Eigenverantwortung stärken ... 80
   3.2.5 Umgang mit Hoffnung ... 82

4. **Die fünf Stufen des Tröstens** 84
   4.1 Kontaktaufnahme 85
   4.2 Das Leid verstehen 85
       4.2.1 Das Leid anhören 86
       4.2.2 Rückmeldung geben 86
       4.2.3 Das Unbegreifbare begreifen 87
       4.2.4 Das Entlastende am aufmerksamen Zuhören ... 88
       4.2.5 Das Leid anerkennen 89
   4.3 Anteilnahme 89
       4.3.1 Ehrlich sein 89
       4.3.2 Anteilnahme zeigen 89
       4.3.3 Selbstmitteilung – Rückmeldungen geben 90
       4.3.4 Gefühle zulassen 90
       4.3.5 Weinen zulassen 91
       4.3.6 Körperkontakt 92
       4.3.7 Fragen 93
       4.3.8 Klagen 94
       4.3.9 Entlasten 95
       4.3.10 Zeit lassen 97
   4.4 Zuspruch 99
   4.5 Sinngebung 100

5. **Falscher Trost – echter Trost** 103
   5.1 Kontaktaufnahme 104
   5.2 Leid verstehen 105
       5.2.1 Zuhören 105
       5.2.2 Das Leid verstehen 108
       5.2.3 Das Leid anerkennen 109
   5.3 Anteilnahme 114
       5.3.1 Ehrlich sein 114
       5.3.2 Anteilnahme zeigen 115
       5.3.3 Selbstmitteilung 116
       5.3.4 Gefühle zulassen 120
       5.3.5 Weinen zulassen 122
       5.3.6 Körperkontakt 125
       5.3.7 Fragen 125
       5.3.8 Klagen 127

	5.3.9	Entlasten	129
	5.3.10	Zeit lassen	131
5.4		Zuspruch	133
5.5		Sinngebung	136
5.6		Sonderfall „verwaiste Eltern"	137

6. Häufige Fehler beim Trösten ... 144
   6.1 Entmündigung ... 144
   6.2 „Ich, das Maß aller Dinge" ... 146
   6.3 Diskussionen ... 147
   6.4 Betäubung des Leids oder der Trauer ... 149
         Arbeit ... 150
         Medikamente ... 150
         Alkohol ... 150
         Drogen ... 151
   6.5 Zusprechen statt Zuhören ... 152
   6.6 Zusprechen statt Zuspruch ... 153

7. Kleine Gesten, die Leidenden guttun ... 153
   7.1 Einladungen aussprechen ... 153
   7.2 Zusagen einhalten ... 154
   7.3 Verwöhnen ... 154

8. Grenzen des Tröstens und der Begleitung ... 156
   8.1 Vamps und andere Unwesen ... 156
   8.2 Die eigenen Grenzen erkennen und achten ... 158
   8.3 Die Grenzen der eigenen Kompetenz erkennen ... 161

9. Trost finden in Glaube und Religion ... 164
   9.1 Die religiöse Sinnkrise ... 164
   9.2 Riten und Rituale ... 168

10. Der Emmaus-Jünger – ein Vorbild für den guten Begleiter ... 172

Weiterführende Literatur ... 176

Vorwort

Unglücke wie das von Eschede am 3. Juni 1998 oder Amokläufe wie in Erfurt am 26. April 2002 und in Winnenden am 11. März 2009 schrecken eine ganze Nation auf und zeigen, wie wichtig die Fähigkeit des Tröstens ist. Doch nicht nur bei großen Katastrophen – auch im beruflichen und privaten Alltag kommen wir mit Trauernden und Kranken zusammen, die von uns einen guten Umgang mit ihnen erwarten.

Das vorliegende Buch soll nicht Trauernde und Kranke trösten, sondern denen helfen, die beruflichen oder privaten Umgang mit Trauernden und Kranken haben. Es ist nicht nur zum einmaligen Lesen gedacht, sondern auch zum späteren Nachschlagen.

Seit dem Jahre 2003 beschäftige ich mich intensiv mit der Trauer um während der Schwangerschaft verstorbene Kinder. Als Ordensmann und katholischer Priester bin ich ehe- und kinderlos. Ich kam nie in die Situation, dass ich um das Leben meines Kindes hätte bangen müssen. Mir starb nie ein Kind. Umfragen unter verwaisten Eltern lehrten mich, trostreich mit ihnen umzugehen. Die Antworten, was als verletzend erlebt wird, lehrten mich, was ich im Umgang mit Trauernden zu unterlassen habe. Die Antworten, was sie als hilf- und trostreich erfuhren, lehrten mich, was Trost ausmacht.

Somit kam ich zur Erkenntnis, dass trösten erlernbar ist. Ich bin bei diesen verwaisten Eltern in die Schule gegangen. Was ich von ihnen lernen durfte, lernte ich nirgends in meinem Leben mit dieser Deutlichkeit und Eindringlichkeit.

Niemand kann sich damit entschuldigen, dass ihm Leid, das ihm gerade begegnet, fremd ist und er deswegen das Trösten anderen, Profis oder ähnlich Leidenden, überlassen muss. Von dieser Überzeugung ausgehend schrieb ich dieses Buch. Es soll anderen Menschen helfen, besser mit Leidenden umzugehen. Sie müssen nicht die gleichen Fehler machen, wie Generationen von Menschen vor ihnen. Sie sollen das kleine Einmaleins des Tröstens kennen lernen und es handhaben können.

Einleitung

*Wenn ein Mensch geboren wird, freuen wir uns,
wenn er heiratet, jubeln wir,
doch wenn er stirbt, tun wir so, als ob nichts geschehen sei.*

MARGARET MEAD (1901–1978)

Trösten – ein urmenschlicher Auftrag

An einigen Affenarten kann man sehen, wie sie sich bei großem Leid gegenseitig trösten. Dies darf als Hinweis gelten, dass Trösten keine menschliche Erfindung ist, sondern eine Fähigkeit, die bereits von unseren gemeinsamen Vorfahren, den Primaten, entwickelt wurde. Mit dem Trösten stehen wir Menschen des dritten Jahrtausends einer Tätigkeit gegenüber, die in ihrem Alter wohl nur noch durch lebenserhaltende Handlungen überboten wird, wie z. B. essen, trinken, schlafen und Geschlechtsverkehr. Das zeigt, dass Trösten geradezu lebenswichtig sein kann. Dieser großen Bedeutung des Tröstens werden wir uns heute langsam wieder bewusst.

Als Leid eine Alltagserfahrung war, erwuchs bei jedem Menschen wie selbstverständlich die Fähigkeit zu trösten. Er erlebte, wie andere trösteten. Er erlebte, wie er getröstet wurde. Es bedurfte zum Trösten keiner professionellen Begleiter. Jeder wusste, was tröstet und gab dieses Wissen durch die gelebte Praxis weiter.

Durch die Spezialisierung auf allen Ebenen des Lebens ging die allgemeine Fähigkeit des Tröstens verloren. Trösten wurde an Fachleute delegiert: Ärzte, Pflegepersonal, Seelsorger, Bestatter, Psychologen, Trauerbegleiter ... Daneben gibt es Menschen, die sich ehrenamtlich in die Pflicht nehmen lassen. Diese Ehrenamtlichen sind tätig in Telefonseelsorge, Krankenbesuchsdienst in Klinik und Pfarrei, Hospizdienst ... Es gibt kaum eine Pfarrgemeinde, die keinen von Ehrenamtlichen durchgeführten Krankenbesuchsdienst hat.

In dem Maße, wie wir das Trösten an Spezialisten delegieren, verkümmert die eigene Fähigkeit des Tröstens immer mehr. Es gilt, diese Fähigkeit bei jedem Menschen wieder zu wecken, auszubilden und für die Leidenden aufblühen zu lassen.

Es sind eben nicht nur die Profis und Ehrenamtlichen, die trösten sollen. Allen Menschen wird die Verpflichtung zugeschrieben, Trost zu spenden. Dies wird an den Jesusworten deutlich: „Ich war krank, und ihr habt mich besucht". Wir sollen als Verwandte, Freunde, Nachbarn, Arbeitskollegen, Vereinsmitglieder und lose Bekannte Kranke besuchen. Diesen Besuch verrichten wir jedoch nicht, um unsere Neugier zu befriedigen, sondern um dem Kranken beizustehen und ihn zu trösten. Wir möchten den uns möglichen Beitrag dazu leisten, das Leid zu erleichtern. Dazu bringen wir Geschenke mit, von denen wir hoffen, dass sie den Kranken trösten, stärken, erfreuen, erheitern, aufbauen, die Zeit vertreiben, ...

Trauernde oder Leidende?

Wenn von Trost gesprochen wird, dann denken die meisten Menschen an Trauer und daran, dass jemand einen geliebten Menschen verloren hat. Trost wünschen sich jedoch nicht nur Trauernde, sondern auch kranke oder einsame Menschen. Trost sucht jeder Mensch, der in irgendeiner Art und Weise Leid erfuhr, gekränkt oder verletzt wurde. Wir sprechen daher in diesem Buch von *Leidenden*, um alle im Blick zu behalten, die sich nach Trost sehnen.

Tröster oder Begleiter?

Menschen haben das natürliche Bedürfnis, dem Leidenden zu helfen, den Trauernden zu trösten. Wie soll der Mensch bezeichnet werden, der diese Tätigkeit ausübt?

„Helfer" ist eine mögliche Bezeichnung. Bei so manchem Leid – insbesondere beim Tod eines Menschen – gibt es aber kaum eine Möglichkeit der Abhilfe, man kann die Situation nur mit aushalten. Daneben gibt es auch Leidende, die keine Hilfe annehmen wollen, zumindest für den Augenblick. Ihnen dennoch Hilfe zuteil werden zu lassen, käme einer Entmündigung gleich.

„Tröster" wäre eine weitere Möglichkeit der Bezeichnung. In diesem Buch werde ich aber aufzeigen, dass viele vermeintliche Tröstungen nur Vertröstungen sind, die zudem noch den Leidenden verletzen können. Auch birgt diese Bezeichnung die Gefahr, dass der „Tröster" zu sehr aus sich heraus agiert, dass er aktiv wird, wo es gar nicht angebracht oder sogar kontraproduktiv ist. Aus diesem Grund wird in diesem Buch nur dann vom „Tröster" gesprochen, wenn es um falschen Trost geht.

„Man kann nur einen Menschen verstehen, wenn man einige Meilen in seinen Mokassins gelaufen ist", heißt eine alte indianische Weisheit. Damit kommt zweierlei zum Ausdruck: Verständnis kommt zum einen dann auf, wenn man versucht, sich in die Situation des anderen hineinzuversetzen. Verständnis geschieht zum anderen darin, dass eine Wegstrecke mit ihm zurückgelegt wird, dass er begleitet wird. Aus diesen Überlegungen heraus wurde für dieses Buch der Begriff „Begleiter" für diejenigen gewählt, die sich tröstend um Trauernde und Leidende kümmern. Damit kommt am treffendsten zum Ausdruck, was Trost vor allem ist: Begleitung.

Die Ausführung des Tröstens

Es ist uns Menschen eigen, dass wir das Leid, dem wir begegnen, beseitigen oder – wo uns das nicht möglich ist – zumindest lindern wollen. Doch bei den konkreten Ausführungen haben viele Menschen ihre Probleme. Dies gilt insbesondere, wenn es darum geht, mit Worten und/oder Gesten Trost zu spenden.

Diesen Mangel nannten verwaiste Eltern bei den von mir durchgeführten Umfragen. Das Gleiche nennen mir immer wieder Witwen und Witwer, die stationär im Krankenhaus aufgenommen waren.

Der falsche Umgang mit Leid führt zu weiterem Leid. Er führt dazu, dass sich Leidende anderen Menschen nicht mehr anvertrauen, selbst wenn diese nach dem Befinden fragen. Lieber sagen sie, dass es ihnen gut gehe, bevor sie sich neue verbale Verletzungen der Seele zuziehen.

Tröstung sollte nicht so gestaltet sein, dass es dem Begleiter nach der Begegnung mit Leidenden gut geht, sondern dass es dem Leidenden nach dieser Begegnung besser geht.

> *Nicht wir selbst sind das Ziel des Tröstens, sondern der Leidende.*
> *Er sollte im Blickpunkt des Tröstens stehen.*

Gute Absicht alleine genügt nicht

Gute Absicht alleine genügt nicht, wenn nicht das bewirkt wurde, was eigentlich Ziel war. Trauernde und Kranke sind besonders empfindlich. Sie verspüren sehr genau, wie mit ihnen umgegangen wird.

So mancher gut gemeinte Krankenbesuch wäre besser unterblieben, da er nicht hilfreich war. So mancher gut gemeinte Besuch eines Trauernden wäre besser nicht geschehen, da er nicht trostreich war. An einem selbst erlebten Beispiel soll dies verdeutlicht werden:

> Ich kam beim Durchgang durch die Station an einem Nachmittag zu Frau M., etwa 75 Jahre alt. Sie erzählte mir, dass keine Chemotherapie mehr gegen ihren bislang viele Jahre erfolgreich bekämpften Krebs greifen würde. Sie fand sich inzwischen mit der Tatsache des Sterbens ab und würde in den nächsten Tagen zum Sterben nach Hause gehen.
> Ich wollte mich gerade von Frau M. verabschieden, da klopfte es an der Tür und sogleich kam eine ca. 60 Jahre alte Frau ins Zimmer, ging gezielt zum Bett von Frau M. und begrüßte diese mit den Worten: „Grüß Gott Frau M. Ich bin Frau K. vom Krankenbesuchsdienst der Pfarrgemeinde. Wie geht es Ihnen, Frau M.?"
> Frau M. antwortete mit schwacher Stimme: „Schlecht."
> Frau K. sprach ihr Mut zu und sagte: „Nur nicht den Kopf hängen lassen, das wird schon wieder. – Hier haben Sie einen Gruß von unserem Herrn Pfarrer. Ich wünsche Ihnen alles Gute. Auf Wiedersehen."
> Mit diesen Worten überreichte sie Frau M. eine Genesungskarte, drückte ihr noch schnell die Hand und war ebenso schnell wieder aus dem Zimmer verschwunden, wie sie erschienen war.

Ich war verblüfft, mit welch großem „Eifer" Frau K. den Krankenbesuchsdienst versah. Mit keinem Wort ging sie auf die Antwort von Frau M. ein, um zu erfahren, warum es ihr so schlecht ging. Sie sprach ihr schnell ermutigende Worte zu, die hier völlig deplaziert waren, und war danach ebenso schnell wieder verschwunden.

Ein anderes Beispiel ereignete sich in aller Öffentlichkeit. In einer Musikwunsch-Sendung des Südwestfunks am Mittwochvormittag des 22. August 2007:

Gegen 11:40 Uhr rief ein Hörer bei SWR 4 an, um sich ein Lied zu wünschen. Dem Radiosprecher fiel sofort die deprimierte Stimme des Anrufers auf und sprach ihn darauf an. Dieser erzählte, dass ihm erst vor wenigen Tagen sein Hof abgebrannt sei. Der Radiosprecher versuchte ihn zu trösten. Dabei verwendete er Sätze wie: „Es ist doch immer wieder schön zu erfahren, dass man in seinem Leid nicht alleine ist" und „Jetzt blicken sie nach vorne und nicht mehr zurück!" Schließlich verabschiedete sich der Radiosprecher mit den Worten: „Beim nächsten Anruf hoffe ich, dass sie nicht wieder so deprimiert klingen."
Der Radiosprecher bemühte sich nach Kräften, auf das Leid des Anrufers einzugehen. Anteilnahme, gute Wünsche oder gar echter Trost blieben dabei aus.

Beispiele wie diese findet man täglich. Die Betreffenden können ihr Fehlverhalten selbst nicht erkennen. Niemand ist da, der die willigen Helfer richtig ausbildet und einführt. Ausbildungen für ehrenamtlichen Krankenbesuchsdienst erfolgen – wenn überhaupt – an einem Tag oder an einem Wochenende. Ausbildungen von 50 bis 100 Stunden, wie sie bei der Telefonseelsorge seit Jahrzehnten Standard sind, werden oft abgelehnt.

Folgen falschen Tröstens

Falscher Umgang mit Leidenden hat Folgen. Diese sind nicht nur auf der Seite des Leidenden vorhanden, sondern auch auf Seiten des „Trösters". Die Folgen können sehr tiefgehend sein. Dabei wirken sie nicht nur punktuell für den Augenblick, sondern unter Umständen auch langfristig:

Das Qualitätsmanagement lehrt, dass ohne Rückmeldung keine Qualität zu erreichen ist. Dieser Grundsatz gilt insbesondere auch beim Trösten. Bleibt die Rückmeldung aus, hat der „Tröster" keine Veranlassung, sein Verhalten zu überdenken. Aus diesem Grunde ist es für Begleiter wichtig, „hellhörig" zu sein, d. h. mit allen Sinnen wahrzunehmen, was vom Leidenden zurück kommt. Denn eine Rückmeldung kann man nicht nur hören und sehen, sondern auch fühlen. Ein kräftiger Händedruck oder eine innige Umarmung sagt oft mehr als tausend Worte.

Durch falschen Trost leidet die Beziehung zwischen den Beteiligten unmittelbar, aber auch mittel- und langfristig. Der Leidende verspürt zunächst einmal den durch falsches Trösten ausgelösten Schmerz. Er verschließt sich, um sich vor weiteren Verletzungen zu schützen.

Infolgedessen weiß der „Tröster" nie um die wahre Verfassung des Leidenden. Er geht davon aus, dass sein Trost nicht mehr notwendig ist, dass das Leid – z. B. Trauer um einen geliebten Menschen – überwunden sei. Es entstehen Parallelwelten, in denen der „Tröster" und der Leidende nebeneinander her leben. Solange dieser Zustand nicht aufgehoben wird, kommt es zwischen den beiden nicht zu wahren Begegnungen.

An solchen Situationen zerbrechen Freundschaften, auch tiefe und langjährige, und sogar Partnerschaften.

Das Hohelied des Tröstens

Die Grundvoraussetzung für gutes Trösten ist herzliche Anteilnahme, da Trösten eine Herzensangelegenheit ist. Wenn mir der Leidende gleichgültig ist, wenn ich auf ihn nicht eingehen will, wenn ich nicht zuhören kann, wenn ich nicht aushalten will, kann ich nicht trösten.

Wenn ich um alle trost- und hilfreichen Sätze wüsste
und alle Techniken beherrschen würde,
hätte aber die Liebe nicht, so könnte ich nicht trösten.
Und wenn ich um alle dummen Sprüche wüsste
um sie zu vermeiden,
hätte aber die Liebe nicht, so könnte ich nicht trösten.
Selbst wenn ich alle Fallstricke des Tröstens wüsste
und sie umgehen könnte,
hätte aber die Liebe nicht, so könnte ich nicht trösten.
Auch wenn ich alles Verständnis für die Lage des Leidenden hätte,
hätte aber die Liebe nicht, so könnte ich nicht trösten.
Und wenn ich endlose Nächte mit den Leidenden verbringen würde,
hätte aber die Liebe nicht, so könnte ich nicht trösten.
Wer tröstet, klagt mit den Klagenden und weint mit den Weinenden.
Wer tröstet, prahlt nicht, bläht sich nicht auf, eifert sich nicht
und trägt die Aggressionen des Leidenden nicht nach,
sondern nimmt Anteil an seinem Leid.
Die Aufgabe des Tröstens endet nie,
so wie Trauer um einen geliebten Menschen nie endet.
Am Ende bleibt uns allen nur die Aufgabe, mit Liebe zu trösten.

Angelehnt an das „Hohelied der Liebe" aus 1 Kor 13 verfasste ich dieses „Hohelied des Tröstens". Es drückt auf der einen Seite die Nähe zum „Hohelied der Liebe" und damit das Trösten als Herzensangelegenheit aus, geht aber auch auf wichtige Komponenten des Tröstens ein.

1. Kaleidoskop des Leids

Ein Kaleidoskop ist ein schönes Spielzeug. Wie es auch gedreht wird, es erscheinen immer neue Muster und neue Zusammenstellungen der Farben. Kinder können sich lange davon faszinieren lassen.

Faszinierend ist Leid mit Sicherheit nicht, aber je nach Betrachtungswinkel erscheint auch das Leid in immer neuem Licht. Es ist sehr vielschichtig. Hierauf soll zunächst eingegangen werden, um es besser verstehen und damit besser umgehen zu können.

1.1 Was ist Leid?

Grundsätzlich ist unter Leid zu verstehen, worunter Menschen leiden. Dabei spielt die Art des Verlustes oder des Mangels keine Rolle: Der Verlust eines nahestehenden Menschen verursacht ebenso Leid wie der Mangel an einem Ehepartner (z. B. in China durch Selektion der Mädchen). Der Verlust körperlicher Unversehrtheit verursacht ebenso Leid wie der Mangel an körperlicher Unversehrtheit (z. B. Contergangeschädigte). Der Verlust eines geliebten Haustiers verursacht ebenso Leid, wie der Mangel an Wasser.

Tod und Trauer

Zunächst denkt man beim Stichwort Leid an die Trauer nach dem Tod eines geliebten Menschen. Entscheidend ist hierbei nicht, wie lange man diesen Menschen kannte oder wie nah man mit ihm verwandt war. Entscheidend ist, wie innig die Beziehung zu diesem Menschen war.

Ende einer Beziehung

Menschen verliert man nicht nur durch den Tod. Auch das Ende einer Ehe, Partnerschaft oder Freundschaft ist ein Verlust. Man ver-

liert nicht nur einen Menschen, sondern Lebensträume, Hoffnungen
… Stand die Beziehung noch in den Anfängen, wird das Leid
schnell als Liebeskummer abgetan, doch auch Liebeskummer ist
Leid. Auch wenn der Betroffene selbst diese Beziehung beendet hat,
leidet er häufig.

Zerbrechen von Familienstrukturen

Sind bei Ehen und Partnerschaften auch Kinder vorhanden, so verlieren Kinder den schützenden Rahmen der Familie. Sie leben nun meist bei Mutter oder Vater. Der andere Elternteil fehlt teilweise oder völlig. Werden Kinder in den „Scheidungskriegen" noch als Machtmittel missbraucht – ein Kindesmissbrauch, der nicht geahndet wird – erhöht dies das Leid der Kinder zusätzlich.

Verlust von …

Auch der Verlust eines geliebten Tieres, eines Hobbys, des Arbeitsplatzes, der Wohnung, von Fähigkeiten und Freiheit kann Trauer auslösen. Nicht immer können Außenstehende diese Trauer nachvollziehen, weil sie keinen rechten Bezug zum verlorenen „Objekt" haben. Dennoch kann der Verlust einen Menschen in eine tiefe Krise stürzen.

Unfall und Krankheit

Unfall und Krankheit verursachen Leid. Wenn völlig offen ist, ob der Kranke an den Folgen sterben wird, ob nach überstandener Krankheit dauerhafte Schäden zurückbleiben, bedeutet dies für alle Beteiligten eine schwere Zeit der inneren Anspannung und Zerrissenheit. Auch bei guten Erfolgsaussichten einer Therapie können Untersuchungen, Behandlungen und Schmerzen für den Patienten sehr belastend sein.

Auch das Kind leidet, das beim Erlernen des Laufens „nur" gefallen ist und sich weh getan hat.

Gewalt

Jede Form von Gewalt bringt Leid mit sich. Zunächst wird dabei an physische Gewalt gedacht, die auch zu körperlichen Schäden führen kann. Doch oft bleibt es nicht bei den rein körperlichen Schäden. So können z. B. Schläge den Verlust von Selbstbewusstsein und Selbstwertgefühl nach sich ziehen. Bei geschlagenen Kindern ist das besonders gravierend. Sie tragen oft noch als Erwachsene schwer daran, mitunter bis an ihr Lebensende.

Daneben gibt es auch die verbale und psychische Gewalt. Sie nachzuweisen ist schwerer, da sie keine körperlichen Spuren hinterlässt. Beschimpfung, Erniedrigung und Einschüchterung sind nur drei Beispiele aus dem Sortiment der verbalen Gewalt. Sie alle verursachen Leid.

Ungerechtigkeit

Ungerechtigkeit verursacht Leid, nicht nur vor Gericht, sondern auch in der Schule bei der Notengebung oder im beruflichen Weiterkommen, wenn der schlechter qualifizierte Konkurrent vorgezogen wurde. Erlittenes Unrecht kann als Schmach, Demütigung, Verletzung und Ungerechtigkeit empfunden werden. In allen Lebenslagen erfahren Menschen Ungerechtigkeit. Die Psalmen der Bibel geben ein Bild davon, wie häufig sich Menschen vor Jahrtausenden ungerecht behandelt fühlten.

Leid als Folge von Leid

Erfahrenes Leid zieht für die Betroffenen häufig weiteres Leid nach sich. Dies ist den wenigsten Menschen bekannt. Das nachfolgende Leid wird vom ursprünglichen Leid derart überschattet, dass es oft übersehen wird. So können z. B. zur Trauer über ein verstorbenes Kind noch massive Schuldgefühle hinzukommen.

Einige verwaiste Mütter verlieren durch den Tod ihres Kindes ihre Identität als Frau, da sie „das Einfachste von der Welt" (Kinder gebären) nicht hinbekommen.

Seit Jahren ist bekannt, dass der Tod eines Kindes die Partnerschaft oft schwer belastet. Einige Ehen zerbrechen daran. Die konkreten Gründe wurden bisher nicht näher untersucht. Damit entfallen entsprechend gezielte Hilfsangebote und geeignete Gegenmaßnahmen.

Unabänderliches und veränderbares Leid

Beim Trösten ist es wichtig, das unabänderliche Leid vom veränderbaren Leid unterscheiden zu können. Wer dies nicht vermag, läuft unweigerlich Gefahr, grundlegende Fehler beim Trösten zu begehen.

Unabänderliches Leid	Veränderbares Leid
Tod eines Menschen, Zerbrechen einer Beziehung, Verlust von Gesundheit, Heimat, ... von Menschen verursachtes Leid (eine bereits begangene Tat, z. B. eine verbale Verletzung).	Schmerzen, Ängste, von Menschen verursachtes Leid (auf Zukunft bezogene Situation, z. B. Änderung von Leid verursachenden Gesetzen und Vorschriften).

Unabänderliches Leid verursacht zunächst einmal der Tod eines Menschen, einer Liebe oder ein anderer unwiederbringlicher Verlust. Gleichgültig, wie viele Kinder den Eltern nach dem Tod eines Kindes nachgeboren werden, dieses eine Kind wird immer fehlen. Auch wenn dieses Kind schon früh während der Schwangerschaft verstarb und die Eltern es nie sehen konnten, so werden alle nachgeborenen Kinder dieses verstorbene Kind nie ersetzen. Auch wenn die Witwe nach dem Tod ihres ersten Mannes einen schöneren, reicheren, netteren ... Mann kennenlernt, diesen heiratet und mit ihm sogar glücklicher wird, so wird sie doch immer wieder um ihren ersten Mann trauern. Auch wenn ein Ehepartner selbst die Scheidung eingereicht hat, so trauert er nicht selten um das misslungene Lebensglück, das er mit diesem Menschen erreichen wollte. Auch wenn der geschiedene Partner stirbt, löst das häufig Trauer aus. Nicht selten steht die erste Frau mit am Sterbebett und/oder Grab und trauert.

Unabänderliches Leid ist jede vollendete Handlung eines Menschen, die Leid verursacht hat. Meist denken wir hierbei an Handlungen Dritter in Form von Gewalt. Unabänderliches Leid können aber auch selbst begangene Handlungen sein, z. B. ein vorgenommener Schwangerschaftsabbruch (SSA) oder eine falsch getroffene Entscheidung. Keine unserer Leid verursachenden Handlungen kann rückgängig gemacht werden, keine Tat ungeschehen und kein Wort zurückgenommen werden.

Beim unabänderlichen Leid ist noch zu unterscheiden, ob das Leid als solches mit seiner ganzen Schwere ge- und ertragen werden muss, oder ob die Auswirkung medikamentös zumindest gedämpft werden kann. Die Trauer ist damit nicht genommen, sondern nur „eingefroren" und wird damit verschoben. Die Trauerarbeit verzögert sich.

Zum **veränderbaren Leid** gehören begangene und als falsch erkannte Handlungen. Sie können für die Zukunft vermieden und an deren Stelle leidfreies Handeln gesetzt werden.

Leid verursachende Gesetze und Bestimmungen können abgeändert werden. Schmerzen können durch entsprechende Schmerzmittel genommen oder zumindest gelindert werden. Ängste können durch entsprechende Therapien verringert oder gänzlich aufgelöst werden.

Ein häufiger Fehler beim Trösten ist, nicht richtig zwischen dem unveränderlichen und dem veränderbaren Leid zu unterscheiden. So wird z. B. nach dem Zerbrechen einer Freundschaft dem Trauernden gesagt: „Andere Mütter haben auch nette Söhne/Töchter." Andererseits hilft es dem Kranken mit großen Schmerzen wenig, wenn er hingebungsvolle Anteilnahme erfährt. Er braucht eine entsprechende Dosis Schmerzmittel.

Wer diese Weisheit der Unterscheidung nicht besitzt, läuft Gefahr, etwas verändern zu wollen, was unveränderlich ist oder für den Leidenden hinzunehmen, was veränderbar ist. Daher sei das Gelassenheitsgebet von Reinhold Niebuhr jedem Menschen ans Herz gelegt, der die Absicht hat, andere Menschen zu trösten. Für mich ist dieses Gebet Weisheit, die gelebt werden will:

*Gott gebe mir die Gelassenheit, Dinge hinzunehmen,
die ich nicht ändern kann,
den Mut, Dinge zu ändern, die ich ändern kann
und die Weisheit, das eine vom anderen zu unterscheiden.*
                                Reinhold Niebuhr (1892–1971)

Naturbedingtes und von Menschen verursachtes Leid

Die zweite große Unterscheidung des Leids ist die zwischen dem naturbedingten und dem von Menschen verursachten Leid.

Naturbedingtes Leid	**Von Menschen verursachtes Leid**
Natürlicher Tod eines geliebten Menschen, Natürlicher Verlust von Gesundheit, Fähigkeiten, … Durch Naturgewalten und Naturkatastrophen verursachtes Leid wie Sturm, See- und Erdbeben, heftige Regenfälle, Vulkanausbrüche, … Natürliches Schicksal, das einen durch Krankheit oder Unfall getroffen hat.	ungerechte Gesetze, Rechtsverletzungen, falsche Informationen, dumme Sprüche, Negierung des Leids, Forderungen und Überforderungen, fromme Sprüche, falsches Verhalten, Vertröstungen.

Naturbedingtes Leid können wir Menschen nicht verhindern, nicht abwenden und nicht lindern. Dazu gehört der Tod eines Menschen.

Dem naturbedingten Leid stehen wir oft hilflos gegenüber. In unserer Ohnmacht sprechen wir von Schicksal, Fügung oder auch zuweilen von Gottes Willen.

Ich persönlich glaube nicht daran, dass der Tod eines Menschen Gottes Wille ist. Ich glaube nicht daran, dass Gott will, dass ein Kind stirbt. Ich begegne hier einem Gott, den ich bei allem meinem theologischen Wissen nicht verstehe. Ich habe auch aufgehört zu fragen, warum es diesen Tod gibt. Ich meine, dass es hierfür keine allgemein gültige Antwort geben kann. Diese Antwort erwarte ich nur von Gott, wenn ich ihm von Angesicht zu Angesicht gegenüber stehe. Bis zu diesem Zeitpunkt bemühe ich mich, den Tod als gegeben zu akzeptieren, auch wenn sich innerlich alles dagegen aufbäumt.

Dem naturbedingten Leid können wir mitunter etwas entgegensetzen. So verhindern Schutzimpfungen bestimmte Krankheiten. In manchen Fällen können wir dem naturbedingten Leid zwar nichts entgegensetzen, aber dessen Auswirkungen lindern. Zum Beispiel können wir keine Seebeben verhindern, aber wir können ein Frühwarnsystem in den Weltmeeren installieren, damit sich die Menschen bei einem großen Seebeben in Sicherheit bringen können und hernach nicht so viele Menschenleben zu beklagen sind.

So wie wir den meisten naturbedingten Leiden macht- und hilflos ausgeliefert sind, so können wir gegen die meisten von Menschen verursachten Leiden etwas unternehmen.

Von Menschen verursachtes Leid will ich nicht akzeptieren. Dagegen kann sehr wohl etwas unternommen werden. Es geht um unser menschliches Verhalten, das auf vielfältige Weise zum naturbedingten Leid hinzukommt.

Leid ist subjektiv

Leid ist nie objektiv, sondern immer subjektiv. Kein Mensch kann den Schmerz empfinden, den der andere empfindet. Für Leid haben wir keine Maßeinheit.

Eine wichtige Voraussetzung beim Trösten besteht darin, dass der Begleiter keine eigenen Maßstäbe anlegt – weder im Denken noch in seinen Äußerungen („Wie kann man nur wegen einer solchen Lappalie ein solches Geschrei machen!") Er hat sich auf das subjektive Empfinden des Leidenden einzustellen. Wenn er dies nicht vermag, kann er schwerlich trösten.

Leid wird immer subjektiv empfunden. Daher ist immer individuell auf diesen Leidenden und sein Leid einzugehen.

Leid ist relativ

Leid ist nie absolut, sondern immer relativ. Auch wenn zwei Menschen das gleiche Schicksal erleiden, so leidet jeder Mensch für sich immer relativ. Beim Trösten kommt es nun nicht darauf an, wie andere Menschen dieses Leid empfinden würden.

Leid ist immer relativ. Daher macht es keinen Sinn, Leid gegeneinander aufrechnen zu wollen.

Das Chaos des Leids

Leid bringt die bisherige Lebensordnung durcheinander. Die Normalität des Alltags wird jäh durchbrochen. Es herrscht das Chaos im Leben und in der Gefühlswelt des Leidenden.

In der akuten Situation des Leids kann der Leidende oft nicht sagen, was er an Trost braucht. Wochen und Monate später kann es noch sein, dass der Leidende an dem einen Tag ständig mit jemandem zusammen sein will, am nächsten Tag jedoch alleine sein möchte.

Der Leidende durchlebt dieses Chaos des Lebens und der Gefühle. Der Begleiter hat nur mit deren Auswirkungen zu tun. Daher sollte für die große Wechselhaftigkeit des Leidenden Verständnis aufgebracht werden.

„Ein Unglück kommt selten allein"

„Ein Unglück kommt selten allein." Die Wahrheit dieses Spruchs wird oft viel zu wenig beachtet. Täglich wird sie von zahlreichen Menschen erlebt. Nicht immer ist den Leidenden diese Anhäufung von Unglück bewusst. Auch daher sieht häufig der „Tröster" vom gesamten Umfang des Leides nur den auffallendsten Teil, gleich der Spitze eines Eisberges.

Damit der Blick für den gesamten Umfang des Leids geöffnet wird, nenne ich ein Beispiel, das nicht konstruiert ist, sondern auf einer wahren Begebenheiten beruht:

Ein 16-jähriges Mädchen wurde von einem Auto so schwer angefahren, dass es auf der Stelle tot war. Der Autofahrer durfte sogar seinen Führerschein behalten und kam mit einer Geldbuße davon. Diese Situation belastete die Familie schwer. Die schulischen Leistungen der jüngeren Schwester wurden so schlecht, dass sie die Klasse wiederholen musste. Sie verlor dadurch ihre Freundinnen zu einem Zeitpunkt, wo sie sie so dringend brauchte. Auch der Vater verlor seinen Arbeitsplatz, weil er nicht mehr so konzentriert arbeitete. Eine neue Arbeit gab es in einem anderen Ort. Doch mit dem neuen Verdienst konnte die alte Wohnung nicht bezahlt werden. Somit entschloss sich die Familie zum Umzug in die neue Stadt, in der die Mietpreise niedriger waren. Damit wurde die Familie gänzlich entwurzelt und aus dem noch bestehenden sozialen Gefüge der alten Stadt herausgerissen.

Begleiter sollten nicht sofort auf das „offensichtliche" Leid reagieren, sondern versuchen, erst einmal die ganze Bandbreite des Leids zu erfragen und zu erfassen. Sie sollten sich Zeit nehmen für den Leidenden und seine Situation. Nur wenn ihm Zeit eingeräumt und zugehört wird, wird er sich öffnen und alle seine Leiden darlegen.

1.2 Leid durch den Tod geliebter Menschen

1.2.1 Zwei Grundformen des Sterbens

Bei aller Verschiedenheit und Individualität des Sterbens gibt es doch zwei Grundformen: der plötzliche Tod und das langsame Sterben durch Krankheit oder Alter. Besonders für die erste Zeit der Trauer ist es wichtig zu wissen, welcher Tod den Verstorbenen ereilt hat.

Plötzlicher Tod

Der plötzliche Tod erfolgt zumeist im Zusammenhang mit Unfall oder Gewalt, aber auch mit einer plötzlichen schweren Erkrankung wie Herzinfarkt oder Schlaganfall.

Der plötzliche Tod nimmt den Hinterbliebenen jede Möglichkeit des persönlichen Abschiednehmens. Sie können sich vom Toten nicht verabschieden, sich nicht bedanken und keinen Frieden schließen.

Beim plötzlichen Tod setzt die Trauer schlagartig ein. Zunächst will man es nicht wahrhaben, dass der leicht Kranke oder gar mitten im Leben Stehende nun tot sein soll. Erst wenn man sich persönlich davon überzeugt hat, kann man die Tatsache des Todes langsam akzeptieren.

Eine Patientin erzählte mir vom Tod ihrer Tochter: Wöchentlich kam ihre Tochter am Freitag bei ihr vorbei und brachte die Enkelin, damit sie selbst leichter einkaufen gehen konnte. An einem Freitag jedoch kam es zu einem schweren Verkehrsunfall und das Auto brannte aus. Niemand ließ die Mutter die verkohlte Leiche der Tochter sehen. Jeder sagte, dass es besser sei, sie so in Erinnerung zu behalten, wie sie war. Doch diese Ratgeber irrten sich. Noch nach über zehn Jahren hat die Mutter das Gefühl, dass die Tochter noch lebe und sie irgendwann an der Haustüre klingeln würde, um die Enkelin abzuholen. Die Tatsache, dass sie auf einer Beerdigung war und die Menschen alle dabei vom Tod ihrer Tochter sprachen, helfen ihr nicht über die Zweifel hinweg, dass ihre Tochter noch lebe.

Bei Zug- oder Flugzeugkatastrophen oder bei anderen Unglücken, wenn Körperteile der Leichen eingesammelt werden müssen, ist dies eine wichtige Aufgabe, die nicht nur für die Gerichtsmediziner von Bedeutung ist, sondern auch für die Hinterbliebenen. Der Arm mit der Tätowierung, die Hand mit dem Ehering, das Ohr mit dem auffallenden Ohrschmuck, jedes noch so kleine Detail kann den Hinterbliebenen helfen, sich davon zu überzeugen, dass ihr Angehöriger bei diesem Unglück mit dabei war und tatsächlich ums Leben kam. Es ist absolut notwendig, dass sie hierbei von fachkundigen Helfern begleitet werden.

Besonders beim plötzlichen Tod ist es für die Hinterbliebenen ungemein wichtig, ihnen viel Zeit für das Abschiednehmen zu geben. In unserer Klinik verweisen wir diese Angehörigen auf den Verabschiedungsraum, wenn die üblichen zwei Stunden auf der Station zum Abschiednehmen vom Verstorbenen nicht ausreichen. Beim plötzlichen Tod wird dieses Angebot wesentlich häufiger und länger in Anspruch genommen, als bei einem langsamen Sterben.

Ist der Tote aus irgendeinem Grund sehr entstellt – wie z. B. bei schweren Verbrennungen –, so kann es hilfreich sein, dass der gesamte Leichnam bis auf das bzw. die markante(n) Erkennungszeichen (Ring, Ohrschmuck, Tätowierung ...) abgedeckt wird. Ist es den Hinterbliebenen ein Bedürfnis, mehr von dem Verstorbenen zu sehen, so können sie diesen selbst aufdecken. Sie können anhand dessen, was sie bereits sehen, sich auf das noch zu Entdeckende einstellen. Sie können den Schmerz des schrecklichen Anblicks selbst dosieren. Der Schock, unvorbereitet oder in ungewolltem Ausmaß mit dem Unausweichlichen konfrontiert zu werden, lässt sich somit erträglicher gestalten.

Einen entstellten Toten zu sehen tut weh.
Einen entstellten Toten nicht zu sehen noch mehr.

Langsames Sterben durch Krankheit oder Alter

Langsames Sterben erfolgt meist infolge von Krankheit oder Alter. Die Entwicklung ist tage-, wochen- oder gar monatelang abzusehen. Dem Sterbenden, seinen Angehörigen und dem Klinikpersonal ist klar, dass nun unvermeidbar das Sterben begonnen hat.

In diesem Falle kann noch persönlich Abschied genommen werden. Angehörige können sich für die empfangenen Wohltaten bedanken. Offenstehender Ärger und Streit kann noch beigelegt, bestehende Schuld kann verziehen und Frieden geschlossen werden. Der Sterbende kann die letzten Dinge noch regeln, die ihm wichtig sind.

> Ein etwa 75-jähriger Patient bat mich nach einer für ihn besonders schweren Nacht, dass ich ihn so schnell wie möglich mit seiner Ehefrau, mit der er standesamtlich verheiratet war, kirchlich traue. Er überlebte die Hochzeit, die ihm so wichtig war, um drei Tage.
> Einer etwa 40 Jahre alten, evangelisch getauften und aus der Kirche ausgetretenen Krebspatientin wurde irgendwann klar, dass sie die Krankheit nicht überleben würde. Sie bat mich, sie in die katholische Kirche aufzunehmen. Wenige Stunden nach der Aufnahme starb sie. Aus dem von ihr gewünschtem Fest der Aufnahme in die katholische Kirche wurde ihre Beerdigung.

Beim langsamen Sterben nehmen die Angehörigen einen Teil ihrer Trauer voraus. Wenn die letzten Stunden und Tage für den Sterbenden zur Qual werden oder die Angehörigen es als Qual ansehen, wird der Tod als Erlösung akzeptiert, zuweilen auch herbeigesehnt und herbeigebetet.

Auch wenn der Tod absehbar war, treten Leid und Trauer mit heftiger Intensität zutage, sobald der Sterbende seinen letzten Atemzug gemacht hat.

1.2.2 Einige Sonderfälle des Sterbens
Tod von Kindern

„Verwaiste Eltern", so werden die Paare genannt, denen ein Kind stirbt. Sie sind für den Rest ihres Lebens verwaist. Auch wenn sie bereits lebende Kinder haben oder sie nachfolgend lebende Kinder gebären, so fehlt ihnen bis an ihr Lebensende dieses verstorbene Kind.

Sterben die Eltern, so stirbt die Vergangenheit.
Stirbt der Partner, so stirbt die Gegenwart.
Stirbt ein Kind, so stirbt die Zukunft.

(unbekannt)

Dies ist wohl die markanteste Aussage, die für verwaiste Eltern zutrifft. Dieses Wegsterben der Zukunft zeichnet sich für die Betroffenen vor allem darin aus, dass sie in den ersten Tagen jegliches Sicherheitsgefühl verlieren. Wenn Kinder vor den Eltern sterben, steht für sie die Weltordnung Kopf. Damit ist plötzlich alles möglich. Nichts gilt dann noch als sicher. Unter diesem Sicherheitsverlust leiden die meisten verwaisten Eltern in den ersten Tagen und Wochen. So manches weitere, was verwaiste Eltern an Leid erleben, ist nur ihnen eigen:
– In den ersten Tagen und Wochen ist eine verwaiste Mutter durch nichts zu trösten. Zuhören, da sein, Anteil nehmen, nach deren Wünschen fragen und auf ihre Wünsche eingehen, ist das Einzige, was in diesen Tagen hilft.
– Häufig kommt bei den Frauen nach dem Tod des Kindes Schwangeren- und Baby-Neid auf, der ihnen allein den Anblick einer

Schwangeren oder eines Babys, einer jungen Mutter mit Kinderwagen unerträglich macht. Sie fliehen regelrecht vor ihnen.
- Religiösen Eltern bricht häufig ihr Gottesbild zusammen, sie hadern mit Gott, sie lehnen ihn ab, sie verlieren vorübergehend oder gar dauerhaft ihren Glauben an Gott. Einige begeben sich auf die Suche nach einem neuen, tragfähigen Gottesbild.
- Einige verwaiste Eltern verlieren durch den Tod ihres Kindes nicht nur jede Lebensfreude, sondern auch Lebenssinn. Wenn sie bereits ein lebendes Kind haben, ist das oft noch das einzige Argument für das Weiterleben. Fehlt dieses, so ist es für solche Eltern schwer, noch einen Sinn in ihrem Leben zu finden.
- Nach dem Tod eines Kindes haben die meisten Mütter große Schuldgefühle. Meist sind sie unbegründet (z. B. „Habe am Sektglas genippt."), sehr selten begründet (z. B. „War auf einer wilden Party, rauchte zwei Schachteln Zigaretten und betrank mich besinnungslos.").
- Der Tod des Kindes während der Schwangerschaft löst bei einigen Frauen Hass gegen sich und den eigenen Körper aus. Häufig führt dies zu Selbstbestrafung: Mager- bzw. Fresssucht, den Bauch schlagen bis hin zu Körperverletzung.

Verwaiste Eltern – insbesondere die Frauen – sollten daher auf unterschiedlichen Ebenen unsere Hilfe erfahren. Hierbei gibt es durchaus fachliche Schwerpunkte, die von Fachleuten übernommen werden sollten. So ist es Aufgabe des Arztes, den histologischen Befund mit den verwaisten Eltern zu besprechen. Es sollte jedoch daneben jede(r) mitwirken, dass die verwaiste Mutter ihre Schuldgefühle aufgeben kann. Für Gottesbilder und Gottesbeziehungen sind in erster Linie Seelsorger zuständig. Aber auch jede(r) Gläubige kann mit seinem Glaubenszeugnis den verwaisten Eltern zu einem neuen Gottesbild und einer tragfähigen Gottesbeziehung verhelfen. Daher gilt nachfolgende Aufstellung im Umgang mit verwaisten Eltern für alle Menschen.
- Verwaiste Eltern sind in ihrer Trauer zu begleiten;
- vorhandene Schuldgefühle sind auszuräumen;
- verwaiste Eltern müssen zu einem guten Umgang mit sich und ihrem Körper und zu einem neuen Gottesbild geführt werden.

– Es ist gut, sie immer wieder auf das verstorbene Kind anzusprechen.

Tod durch Schwangerschaftsabbruch

Frauen bzw. Paare, die nach einem Schwangerschaftsabbruch (SSA) trauern und leiden, werden schnell schuldig gesprochen. Sie haben schließlich „Nein" zu ihrem Kind gesagt. Besonders fromme Menschen treten oft moralisierend auf und stellen Frauen, die ein Kind abgetrieben haben, als Mörderinnen hin. Doch das Leben ist komplizierter, als es die Schwarz-Weiß-Darstellung dieser Menschen erscheinen lässt.

> *Ich hatte die Wahl zwischen zwei falschen Entscheidungen.*
> *(eine Frau nach ihrem SSA)*

So empfinden Frauen häufig nach einem SSA. Die im Schwangerschaftskonflikt stehende Frau weiß, dass der SSA die falsche Entscheidung ist, ebenso aber auch das Weiterleben des Kindes. Das Problem hierbei ist jedoch, dass es sich nicht durch Nichtstun löst. Entscheidet sich die Frau nicht für einen SSA, so bedeutet dies, dass sie sich für das Kind entscheidet.

Hinzu kommt, dass es hierfür ein Zeitfenster gibt: In Deutschland ist ein SSA mit sozialer Indikation bis Ende der 12. Schwangerschaftswoche (SSW) straffrei möglich. Mit medizinischer Indikation ist faktisch ein SSA bis kurz vor der Geburt straffrei möglich. Viele Ärzte lehnen jedoch einen SSA nach der 20. bzw. 22. SSW ab, da das Kind die eingeleitete Geburt überleben könnte.

In dieses Zeitfenster muss alles hinein gepresst werden: Eröffnung des Befundes, dass eine ungewollte Schwangerschaft vorliegt (soziale Indikation) oder eine schwere genetische Erkrankung (medizinische Indikation), die Schwangerschaftskonfliktberatung mit Entscheidungsfindung und der SSA selbst. Die Frauen fühlen sich in diesen Tagen unter einem sehr hohen psychischen Druck, den sie nur sehr schwer aushalten.

Bei SSA spitzt sich die Situation der verwaisten Eltern noch zu. Ihre Lage ist durch folgende Situationen gekennzeichnet:

- Viele Frauen wissen, dass der SSA eine falsche Entscheidung ist. In der Situation sehen sie dies jedoch als das kleinere Übel an.
- Durch das gesetzlich vorgegebene Zeitfenster für straffreien SSA stehen die Frauen unter einem enormen Zeitdruck.
- Mitunter wünscht sich die Frau das Kind, findet aber vom Partner und ihrer Herkunftsfamilie keine Unterstützung das Kind auszutragen, sondern nur die Forderung zum SSA.
- Häufig kommt bei den Frauen nach dem durchgeführten SSA Schwangeren- und Baby-Neid auf, der ihnen allein den Anblick einer Schwangeren oder eines Babys, einer jungen Mutter mit Kinderwagen unerträglich macht. Sie fliehen regelrecht davor.
- Das Selbstbildnis, das jeder Mensch von sich hat, ist durch den SSA zerstört. Ein neues muss erst mühsam aufgebaut werden.
- Der durchgeführte SSA stellt für einige Frauen eine Körperverletzung dar.
- Die durch SSA bedingte seelische Verletzung wurde hinreichend untersucht, wird aber gesellschaftlich im Umgang mit den Frauen kaum angegangen.
- Die nach dem SSA aufkommenden Schuldgefühle sind oft enorm. Sie lösen häufig Hass gegen sich selbst aus, der zur Selbstbestrafung führt und bis hin zur Körperverletzung reicht, mitunter sogar zum Selbstmord(versuch).
- SSA ist kein gesellschaftsfähiges Thema. Die Frau darf auf keine Anteilnahme hoffen, da sie sich selbst gegen das Kind entschieden hat. Sie muss eher mit Vorwürfen und Schuldzuweisungen rechnen.
- Gesellschaftlich wird der Frau die Trauer um ihr Kind verwehrt, was auch im Verbot der Bestattung ihres abgetriebenen Kindes in 2 Bundesländern zum Ausdruck kommt.
- Besonders von frommen Leuten wird sie als „Mörderin" abgestempelt.

Tödliche Krankheit

Uns allen ist klar, dass wir sterben. Die anderen Menschen werden sterben wie auch wir selbst, die Freunde und Bekannten werden sterben wie auch die engsten Familienangehörigen. Die einen werden jung sterben, die anderen im hohen Alter. Den Tod der einen empfinden wir als Erlösung für den Sterbenden, den Tod der anderen als Belastung für uns.

Sterben ist immer ein Sonderfall. Hierfür gibt es keine Norm. Jeder Mensch stirbt seinen eigenen Tod. Darum ist bei jedem Sterbenden auf dessen ganz persönliche Wünsche und Bedürfnisse zu achten und so weit als möglich darauf einzugehen. Die stationären Hospize und ambulanten Hospizdienste bemühen sich genau hierum.

In Vorträgen zum Thema „Sterben lassen und selber sterben" beginne ich immer mit der Vorstellung, wie ich gerne sterben möchte. Anschließend bitte ich einige der Anwesenden, ihre Vorstellung vom eigenen Sterben mitzuteilen. Noch immer konnte ich dabei zwei Punkte zu den Vorstellungen des eigenen Sterbens deutlich herausstellen:
– Es gibt Gemeinsamkeiten.
– Es gibt Unterschiede, die z. T. sogar gegensätzlich sind.

Aus diesem Grunde sollte immer der Sterbende nach seinen Wünschen gefragt und diese sollten akzeptiert werden, auch wenn sie den eigenen Wünschen und Vorstellungen vom Sterben widersprechen. Es ist das Sterben des anderen, das zu begleiten ist. Auf ihn ist einzugehen. Keinesfalls sollte von den eigenen Wünschen des Sterbens ausgegangen werden und diese dem Sterbenden übergestülpt oder aufgedrängt werden.

1.2.3 Trauer endet nie

Häufig sind Menschen der irrigen Annahme, dass Trauer endet. So werden z. B. verwaiste Eltern, deren Kind während der Schwangerschaft verstarb, bereits nach wenigen Wochen gefragt: „Bist du noch immer nicht darüber hinweg?", oder ihnen wird gesagt: „Denk nicht mehr daran. Das Leben geht weiter." Von Witwen und Witwern wird häufig erwartet, dass sie spätestens nach Ablauf des Trauerjahres aufhören zu trauern. Vereinzelt wird von Trauernden berichtet, die in ihrer Trauer psychologische Hilfe beansprucht haben und ihnen dort als Ziel vorgegeben wurde, dass sie nicht mehr trauern.

Alle diese Menschen irren. Trauer dauert fort. Sie reicht über die Bestattung hinaus, ist länger als das Trauerjahr. Von verwaisten Eltern, deren Kind während der Schwangerschaft starb, lernte ich, dass die Trauer um einen geliebten Menschen nie endet, sich sehr wohl aber wandelt. Dies gilt nicht nur für den Tod eines Kindes, sondern auch für den Tod jedes geliebten Menschen.

Königin Viktoria von England (1819–1901) setzte nach dem Tod ihres Mannes im Jahre 1861 für ihr Volk einen Trauerstandard fest. Er regelt, wie lange man bei den unterschiedlichen Todesfällen in ihrem Reich trauern durfte bzw. zu trauern hatte.

Todesfall	Trauerzeit
Ehemann	2–3 Jahre
Elternteil oder Kind	1 Jahr
Großeltern, Geschwister	6 Monate
Ehefrau, Onkel, Tante	3 Monate
Nichten, Neffen	2 Monate
Großtanten und -onkel	6 Wochen
Cousins und Cousinen	4–6 Wochen

(Ben Schott: Schotts Sammelsurium. Berlin [10]2005, 90)

Als ihr Mann im Jahre 1861 starb, schrieb sie eine Woche später an ihren Onkel Leopold I., König der Belgier: „Mein Leben als glücklicher Mensch ist zu Ende! Die Welt ist für mich zu Ende!" Viktoria lebte die Trauer sehr ausgeprägt. So blieb das Schlafzimmer ihres Mannes über die Jahrzehnte unverändert und jeden Abend wurde warmes Wasser in sein Zimmer gestellt und auch das Bettzeug wurde regelmäßig gewechselt. Viktoria soll Gewissensbisse gehabt haben, dass ihre Trauer mit der Zeit nachließe. Auch sonst hielt sie sich nicht an die von ihr erstellten Vorgaben, sondern trauerte bis an ihr Lebensende, insgesamt 40 Jahre.

Dieses Beispiel zeigt, dass es ein Leichtes ist, einen Katalog von Trauerzeiten aufzustellen, aber es schwer ist, wenn man später danach leben will.

Trauer endet nie, sie wandelt sich nur.

1.3 Grundformen der Verarbeitung von Leid

Es gibt vier Grundformen der Verarbeitung von Leid:
- Tun (Aktivität)
- Denken (Gedanken)
- Fühlen (Emotionen)
- Glauben (Religion, Spiritualität)

Grundsätzlich sind in jedem Menschen alle vier Grundformen angelegt. Allerdings werden sie oft in verschiedenen Anteilen gelebt. Die meisten Menschen verwenden eine oder zwei Grundformen für die Verarbeitung von Leid häufiger als die anderen Grundformen. Daneben gibt es auch Menschen, bei denen nur eine Grundform der Verarbeitung dominiert. Bei ihnen sind die anderen Grundformen zwar auch vorhanden, aber klein bis verkümmert.

Besucht ein Begleiter mit großem Fühlen-Anteil einen Leidenden mit großem Fühlen-Anteil, werden sie sich schnell verstehen. Gemeinsam werden sie über den Schmerz des Leidenden sprechen. Der Leidende fühlt sich schnell verstanden, was an sich bereits tröstend ist. Ebenso verhält es sich, wenn Begleiter und Leidender große Tun-Anteile, große Denken-Anteile oder große Glauben-Anteile besitzen. Sie sprechen die gleiche Sprache, und der Leidende fühlt sich verstanden und damit getröstet.

Eine mögliche Gefahr beim Begleiten von Leidenden besteht darin, dass der Begleiter ein anderer Typ ist als der Leidende. Besucht z. B. ein Seelsorger mit sehr großem Glauben-Anteil und verkümmertem Tun-Anteil einen Leidenden mit einen verkümmerten Glauben-Anteil aber einen großen Tun-Anteil, kann sich schwerlich ein tröstendes Gespräch entwickeln. Diese Situation wird noch gesteigert, falls der Seelsorger in missionarischem Eifer alle Leidenden „zum Glauben" oder „zu Christus" führen will.

Der Begleiter spricht eine andere Sprache als der Leidende. Dadurch fühlt sich der Leidende unverstanden, im schlimmsten Fall verletzt.

Um überhaupt trösten zu können, muss der Begleiter die Umgangsprache mit Leid seines Gegenübers erkennen und sich sprachlich darauf einlassen. Er muss diese Umgangssprache verstehen und selbst sprechen.

Umgangssprache des Leids hat nicht immer mit Worten zu tun. Bei einem sehr gefühlsbetonten Leidenden kann durch gemeinsames Weinen, Umarmen und anderem Körperkontakt sehr viel Trost erfolgen, ohne dass über Stunden hinweg ein Wort gesprochen wird.

2. Sprache, das Werkzeug des Tröstens

2.1 Kommunikationsmodelle

Für den Umgang mit Leidenden ist es nützlich, einige Grundlagen der Kommunikation zu kennen. Die hier vorgestellten Kommunikationsmodelle machen auf verschiedenen Ebenen deutlich, worauf beim Trösten geachtet werden soll.

2.1.1 Die vier Ebenen der Kommunikation

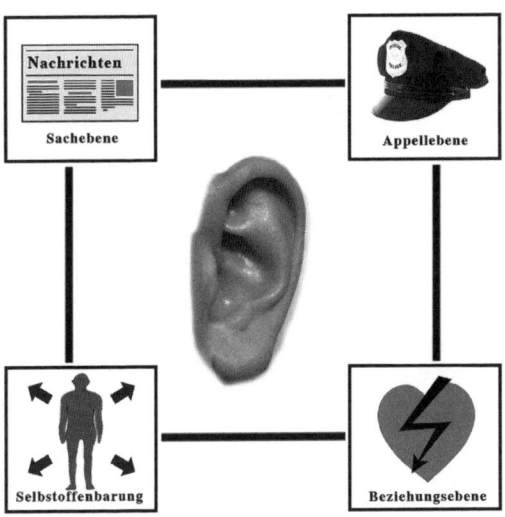

Von Friedeman Schulz von Thun wurden in einer breit angelegten Studie die „Vier Ebenen der Kommunikation" herausgearbeitet. Sie sind auch als das „Vier-Ohren-Modell" bekannt.

Beziehungsebene

Die Beziehungsebe beschreibt, wie wir Menschen miteinander in Kontakt treten. Erik Berne, der Begründer der Transaktionsanalyse

(TA), erklärt mit seinen Ich-Zustandsmodellen (Struktur- und Funktionsmodell), wie Menschen miteinander und mit sich selber kommunizieren. Er beschreibt drei Ich-Zustände:

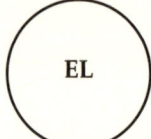
Das *Eltern-Ich* ist ein System von Gefühlen, Einstellungen und Verhaltensmustern, das dem wichtiger Elternfiguren gleicht. Es kann fürsorglich sein oder kritisch. Beides hat positive und negative Aspekt.

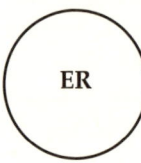
Das *Erwachsenen-Ich* ist gekennzeichnet durch ein autonomes System von Gefühlen, Einstellungen und Verhaltensweisen, die der aktuellen Wirklichkeit angepasst sind.

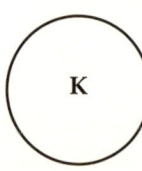
Das *Kind-Ich* ist ein System von Gefühlen, Einstellungen und Verhaltensweisen, die Relikte aus der Kindheit der eigenen Person sind.
Das Ich äußert sich rebellisch oder angepasst (reaktiv) oder unabhängig (frei).

Beim Modell der Transaktionsanalyse kann Kommunikation immer nur vom Eltern-Ich zum Kind-Ich bzw. vom Kind-Ich zum Eltern-Ich sowie vom Erwachsenen-Ich zum Erwachsenen-Ich erfolgen. Es ist zwar möglich, dass ein Mensch vom Eltern-Ich des Gesprächspartners zum eigenen Kind-Ich oder vom Kind-Ich zum Eltern-Ich angesprochen wird und er selbst aus dem Erwachsenen-Ich seinem Gesprächspartner im Erwachsenen-Ich antwortet. Es kann allerdings nie eine andere Kombination der Beziehungen erfolgen.

Der *„Tröster"* pflegt zum Leidenden eine Beziehung auf der Stufe des Eltern-Ich mit Gefälle zum Kind-Ich. Er bevormundet und entmündigt den Leidenden, schiebt ihn in die Rolle des Hilflosen. Der Leidende erhält Mitleid, das nicht tröstet, sondern einen schlechten Beigeschmack hinterlässt.

Ein *Begleiter* reagiert oft aus fürsorglicher *EL-* oder aus der *ER-* Position. Ein Mensch in der Krise, wozu Trauer und Krankheit gehören können, braucht Unterstützung, Anteilnahme, Verständnis, oft auch Schutz. Das fürsorgliche EL des Begleiters kann den trauernden Menschen stützen. Leidende „sitzen" oft im K, fühlen sich hilflos. Es erfordert Sensibilität, um zu spüren, was der Mensch braucht. Wenn der Leidende wieder stabiler ist, kann er seine ER-Position wieder besser einnehmen (mit Energie besetzen) und auch sich selber intern aus dem EL begegnen, d. h. für sich selber gut sorgen.

Wichtig ist die Grundeinstellung der gegenseitigen Achtung. Der Begleiter ist auf gleicher Augenhöhe wie der Leidende. Er ist kein Retter, sondern ein Mitmensch.

Alle drei Ich-Zustände des Begleiters können immer auch alle drei Ich-Zustände des Gesprächspartners ansprechen. Grundsätzlich gehören immer auch die Sachebene, Selbstoffenbarung, Appellebene (unterschwellige Botschaften) zur TA.

Sachebene

Auf der Sachebene werden Informationen ausgetauscht. Hierauf baut unser Bildungssystem auf. Wir lernen Namen, Zahlen und andere Fakten. Die gesamte Mess-, Regel-, Steuerungs- und Computertechnik beruht auf der Sachebene.

Allerdings sind Gefühle auch der Sachebene zuzuschreiben, soweit es um Mitteilungen über Gefühlszustände geht. Die Information darüber ist eine Sachinformation, auch wenn der Gefühlszustand als solcher nicht gemessen und damit auch nicht bewiesen werden kann.

Da Trösten eine Herzensangelegenheit ist, sollte im Gespräch mit dem Leidenden *immer* mit dem Gefühl begonnen werden. Erst nachdem die Befindlichkeit des Leidenden angesprochen wurde, sollte nach den Ursachen, Hintergründen und dem Hergang gefragt werden.

Wird hingegen die Befindlichkeit des Leidenden übersprungen, stellt sich bei diesem rasch der Eindruck ein, dass er nur ausgehorcht wird. Der „*Tröster*" scheint kein Interesse an seinem Leid, an ihm als Mensch zu haben, sondern nur an den Ereignissen. Es sind jedoch nicht die Ereignisse, an denen der Leidende leidet, sondern er leidet an seinem Zustand, der die Folge dieser Ereignisse ist.

Ein *Begleiter* beginnt daher immer bei der Befindlichkeit des Leidenden und rollt von dort aus langsam die Ereignisse auf. Damit zeigt er vorrangig Interesse an der Person des Leidenden und seinem Zustand. Die Umstände, die zu diesem Schicksal geführt haben, bringt er erst an nachgeordneter Stelle zur Sprache.

Appellebene

Appelle sind unausgesprochene Anweisungen an den anderen. Sie sind oft viel subtiler als eine Bitte, Anweisung oder Anordnung. Da sie nicht ausgesprochen werden, kann sich der Sprecher immer wieder mit den Worten zurückziehen: „Das habe ich gar nicht gesagt."

Das gesprochene Wort	Der gehörte Appell
Du hast aber langes Haar.	Lass dir deine Haare schneiden!
Du bist nicht lieb, wenn Du das tust.	Lass das sein!
Deine Schuhe sind schmutzig.	Putz' deine Schuhe!

Im Umgang mit Leidenden werden häufig direkte Anweisungen und zuweilen auch massive Befehle erteilt. Sie heißen dann meist: „Du solltest mal ... ausprobieren." „Sei froh, es hätte noch schlimmer kommen können!" „Sei froh, anderen geht es noch schlechter!" – „Du musst ... tun." – „Tu' ..."

Sowohl klare Anweisungen und Befehle als auch subtile Appelle sind im Umgang mit Leidenden völlig unbrauchbar. Sie belasten den Leidenden und schaffen damit zusätzliches Leid.

Trost hingegen bedeutet Entlastung. Daher sollte im Umgang mit Leidenden darauf geachtet werden, dass der Leidende keine weiteren Belastungen erfährt, sondern Entlastungen.

Selbstoffenbarung

Unter Selbstoffenbarung wird eine Aussage über den „Sprecher" verstanden, die in der Botschaft versteckt liegt. Sie ist nicht das gesprochene Wort, sondern immer die nonverbal gehörte Nachricht der Aussage.

Gemeinte Botschaft	Das gesprochene Wort	Gehörte Selbstoffenbarung
Ich will nun einen Kaffee.	Ich bin hundemüde.	Er will nun ins Bett.
Ich muss Bier auffüllen.	Im Kühlschrank ist kein Bier.	Er will ein kühles Bier.
Ich gönne dem HSV den Abstieg.	Der HSV ist abgestiegen.	Er ist ein HSV-Fan.
Ich werde den Herrn anzeigen.	Der Herr hat mich beleidigt.	Er fühlt sich getroffen.

Wie diese Beispiele zeigen, kommt es bei Selbstoffenbarungen nicht auf das gesprochene Wort, sondern auf die nicht gesprochenen Inhalte an. Immer wieder werden die gesprochenen Worte falsch gedeutet, die Selbstoffenbarung falsch aufgenommen. So kann die gemeinte Botschaft von der gehörten Selbstoffenbarung durchaus stark abweichen, Missverständnisse sind vorprogrammiert.

Die Allgegenwart der vier Kommunikationsebenen

Nach Friedemann Schulz von Thun enthält *jeder* Satz alle vier Kommunikationsebenen. Dies soll an einigen Beispielen aufgezeigt werden:

Bz = Beziehung, Sa = Sache, Ap = Appell, So = Selbstoffenbarung

Aussage: *„Wie spät ist es denn?"*
Bz: Ich bin das unwissende Kind, du der allwissende Elternteil.
Sa: Ich will die Uhrzeit wissen.
Ap: Sage mir, wie spät es ist!
So: Ich weiß nicht, wie spät es ist.

Aussage: *„Ich habe Kopfschmerzen."*
Bz: Ich bin das leidende Kind, du der allmächtige Elternteil.
Sa: Mir schmerzt der Kopf.
Ap: Gib mir Schmerzmittel.
So: Ich will die Kopfschmerzen los werden.

Situation: **Der Leidende weint.**
Bz: Ich bin das weinende Kind, du der tröstende Elternteil.
Sa: Mein Leid ist groß.

Ap: Tröste mich! / Weine mit mir!
So: Ich leide sehr.

Nach Schulz von Thun ist nicht entscheidend, auf welcher Kommunikationsebene der „Sprecher" seine Botschaft sendet, sondern auf welcher Ebene der „Hörer" diese Botschaft empfängt. So kann es durchaus vorkommen, dass der „Sprecher" etwas auf der Appellebene sagt, der „Hörer" jedoch auf der Sachebene reagiert.

Während meines Studiums sagte ein Ordensmitbruder zu mir, dem gelernten Elektromechaniker: „Klaus, über der Kapellentür ist die Glühlampe kaputt." Ich hörte sehr deutlich seinen Appell, dass ich sie austauschen sollte, sagte jedoch auf der Sachebene: „Dann muss man sie wechseln." Mein Mitbruder verstand darunter sicherlich, dass ich sie auswechseln würde. Das hatte ich jedoch nicht gesagt. Wer sie schließlich wechselte, weiß ich nicht, vermutlich der Hausmeister.

Neben solchen bewussten Wechseln der Kommunikationsebene kommt es auch vor, dass der „Empfänger" völlig unbeabsichtigt auf einer anderen Ebene hört, als der „Sender" es meinte. Dann kommen die bekannten Missverständnisse auf, die damit enden: „Das hatte ich damit nicht gemeint."

In Anwendung des o.g. Kommunikationsmodells im Umgang mit Leidenden lässt sich folgendes feststellen:

Beachtung der vier Kommunikationsebenen beim Trösten
1. Auf der Beziehungsebene sollte ein partnerschaftliches Verhältnis geschaffen werden, keine Beziehung der Bevormundung.
2. Auf der Sachebene sollte immer auf die Reihenfolge geachtet werden:
   (1) Fragen nach der Befindlichkeit.
   (2) Fragen nach den Ursachen, Umständen, Hintergründen.
3. Appelle sollten nicht erfolgen.
4. Selbstoffenbarungen sollten abgeklärt werden, bevor auf diesen aufbauend das Gespräch weitergeführt wird.

2.1.2 Themenzentrierte Interaktion (TZI)

Die Bedeutung des „Globes"

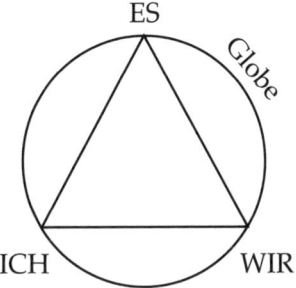

Ruth Cohn schuf das Kommunikationsmodell der Themenzentrierten Interaktion (TZI) für die Analyse und die Praxis der Interaktion in Gruppen. Als Grundlage dienen die vier Elemente:

Ich   Die einzelne Person selbst.
Wir   Alle Gesprächspartner, mindestens zwei.
Es   Das Thema, über das gesprochen wird.
Globe Der Rahmen, in dem das Gespräch stattfindet.

Die drei Elemente „Ich", „Wir" und „Es" bilden ein gleichseitiges Dreieck. Damit wird klar, dass die Sachebene und die Beziehungsebene gleichwertig sind. Das Dreieck bleibt jedoch nicht für sich alleine. Es ist eingebettet in den „Globe". Dieser beinhaltet alle übrigen Faktoren, die nicht das „Ich", „Wir" und „Es" berühren. Hierzu gehören Ort und Zeit sowie die Gesamtsituation.

Häufig werden in einem Gespräch nur die Elemente des Dreiecks betrachtet. Wie wichtig und mitunter entscheidend der „Globe" sein kann, zeigt folgende Geschichte, die sich an der spanischen Küste zugetragen haben soll.

Dies ist ein reeller Funkspruch, der zwischen Spaniern und Amerikaner stattgefunden hat – aufgenommen von der Frequenz des spanischen maritimen Notrufs, Canal 106, an der galizischen Küste „Costa de Finisterra" am 16. Oktober 1997. Dieser Funkspruch hat wirklich stattgefunden und wurde erst im März 2005 von den spanischen Militärbehörden zur Veröffentlichung freigegeben. Alle spanischen Zeitungen haben ihn gedruckt und mittlerweile lacht sich ganz Spanien kaputt, vielleicht auch Sie.

Spanier: (Geräusch im Hintergrund) „Hier spricht A853 zu ihnen, bitte ändern sie ihren Kurs um 15 Grad nach Süden, um eine Kollision zu vermeiden ... Sie fahren direkt auf uns zu, Entfernung 25 nautische Meilen."

Amerikaner: (Geräusch im Hintergrund) „... Wir raten ihnen, ihren Kurs um 15 Grad nach Norden zu ändern, um eine Kollision zu vermeiden."

Spanier: „Negative Antwort. Wir wiederholen: Ändern sie ihren Kurs um 15 Grad nach Süden, um eine Kollision zu vermeiden."

Amerikaner: (eine andere amerikanische Stimme) „Hier spricht der Kapitän eines Schiffes der Marine der Vereinigten Staaten von Amerika zu ihnen. Wir beharren darauf: Ändern sie sofort ihren Kurs um 15 Grad nach Norden, um eine Kollision zu vermeiden."

Spanier: „Dies sehen wir weder als machbar noch erforderlich an, wir empfehlen ihnen, ihren Kurs um 15 Grad nach Süden zu ändern, um eine Kollision zu vermeiden."

Amerikaner: (stark erregter befehlerischer Ton) „HIER SPRICHT DER KAPITÄN RICHARD JAMES HOWARD, KOMMANDANT DES FLUGZEUGTRÄGERS „USS LINCOLN" VON DER MARINE DER VEREINIGTEN STAATEN VON AMERIKA, DAS ZWEITGRÖSSTE KRIEGSSCHIFF DER NORDAMERIKANISCHEN FLOTTE. UNS GELEITEN ZWEI PANZERKREUZER, SECHS ZERSTÖRER, FÜNF KREUZSCHIFFE, VIER U-BOOTE UND MEHRERE SCHIFFE DIE UNS JEDERZEIT UNTERSTÜTZEN KÖNNEN. WIR SIND IN KURSRICHTUNG PERSISCHER GOLF UM DORT EIN MILITÄRMANÖVER VORZUBEREITEN UND IM HINBLICK AUF EINE OFFENSIVE DES IRAKS AUCH DURCHZUFÜHREN.

ICH RATE IHNEN NICHT ... ICH BEFEHLE IHNEN, IHREN KURS UM 15 GRAD NACH NORDEN ZU ÄNDERN!!!!!! SOLLTEN SIE SICH NICHT DARAN HALTEN, SO SEHEN WIR UNS GEZWUNGEN, DIE NOTWENDIGEN SCHRITTE EINZULEITEN, DIE NOTWENDIG SIND, UM DIE SICHERHEIT DIESES FLUGZEUGTRÄGERS UND AUCH DIE DIESER MILITÄRISCHEN STREITMACHT ZU GARANTIEREN. SIE SIND MITGLIED EINES ALLIIERTEN STAATES, MITGLIED DER NATO UND SOMIT DIESER MILITÄRISCHEN STREITMACHT ... BITTE GEHORCHEN SIE UNVERZÜGLICH UND GEHEN SIE UNS AUS DEM WEG !!!!!!!"

Der Sachverhalt ist ganz klar. Es gibt einen Spanier, der einen Amerikaner zur Kurskorrektur auffordert. Dieser lehnt ab, weil er der Stärkere ist. Doch der Spanier lässt sich nicht beirren und beharrt darauf, dass der Amerikaner weicht. Da platzt dem Amerikaner der Kragen und er zeigt sich in voller Größe. Es ist ein Flugzeugträger mit seinem gesamten Geleitschutz auf dem Weg ins Mittelmeer, um dort die Offensive des Irakkriegs zu unterstützen. Er ist eindeutig der Stärkere und fordert den Spanier auf, nun endlich auszuweichen.

Von den Regeln der Kommunikation her ist alles klar: Es gibt zwei Personen, die sich zu einem gemeinsamen Thema austauschen. Das Thema heißt „ausweichen". Das Problem in dieser Kommunikation ist jedoch, dass jeder den anderen auffordert, auszuweichen. Wenn jedoch keiner der beiden nachgibt, erfolgt ein Zusammenstoß. Wohl auch deswegen ließ der Amerikaner die Muskeln spielen und zeigte dem Spanier, wer er ist. Was er aufzubieten hat, ist nicht mehr zu überbieten. Da bleibt dem Spanier wohl nichts mehr übrig, als dieser geballten Kraft von Macht und Gewalt zu weichen. Doch diese wahre Begebenheit ging noch weiter:

Spanier: „Hier spricht Juan Manuel Salas Alcántara. Wir sind zwei Personen. Uns geleiten unser Hund, unser Essen, zwei Bier und ein Mann von den Kanaren, der gerade schläft. Wir haben die Unterstützung der Sender Cadena Dial von la Coruña und Kanal 106 als Maritimer Notruf. Wir fahren nirgendwo hin, da wir mit ihnen vom Festland aus reden. Wir befinden uns im Leuchtturm A-853 Finisterra an der Küste von Galizien. Wir haben eine Scheiß-Ahnung, welche Stelle wir im Ranking der spanischen Leuchttürme einnehmen. Und sie können die Schritte einleiten, die sie für notwendig halten und auf die sie geil sind, um die Sicherheit ihres Scheiß-Flugzeugträgers zu garantieren, zumal er gleich an den Küstenfelsen Galiziens zerschellen wird, und aus diesem Grund müssen wir darauf beharren und möchten es ihnen nochmals ans Herz legen, dass es das Beste, das Gesündeste und das Klügste für Sie und ihre Leute ist, nämlich ihren Kurs um 15 Grad nach Süden zu ändern, um eine Kollision zu vermeiden."

Das ist die Folge, wenn der „Globe" außer acht gelassen wird. Der „Globe" kann – so wie hier – dem gesamten Geschehen eine völlig neue Wende geben. Daher ist es so wichtig, in der Kommunikation den „Globe" mit zu beachten, auch im Kontakt mit Leidenden.

*Die Gänze des Leids erfassen – Zur Bedeutung des „Globes"
beim Trösten*

Oft ist die Gänze des Leids nicht in einem Satz zusammenzufassen. So kommen häufig zum Tod des Angehörigen noch andere Umstände hinzu, unter denen der Mensch leidet:
– Der Witwer kann nicht kochen und keinen Haushalt führen.
– Die Witwe weiß nicht, wo die wichtigen Papiere sind.
– Der verwaisten Mutter wird die Arbeitsstelle gekündigt.
– Der verwaiste Vater wird immer nur nach dem Befinden seiner Frau gefragt, nie aber nach seinem eigenen Befinden.
– Das trauernde Kind bleibt in der Schule sitzen.
– Das trauernde Kind isoliert sich im Kindergarten.
– Die verwaisten Großeltern werden bei der Trauer um ihr Enkelkind übersehen.

Der Tod eines Menschen hat nicht nur die Seite, dass ein Mensch fehlt. In den Auswirkungen zieht er vieles nach sich, was meist nicht gesehen wird. Besonders hier kann der Begleiter ansetzen und helfend einwirken.

2.1.3 Nicht-direktive Gesprächsführung

Bereits Sokrates (469–399 v. Chr.) pflegte bei seinem Gesprächspartner durch bohrendes Nachfragen gedanklich-logische Lücken freizulegen, um dann in fortgesetzten Dialogen neue Erkenntnisse bei seinem Gegenüber zu Tage zu fördern. Dieses Vorgehen nannte er „Hebammenkunst" (Mäeutik; auch: Maieutik). Nicht er brachte die Lösung, sondern er führte den Gesprächspartner durch geschickte Fragen zur eigenen Lösung.

Carl Rogers (1902–1987) griff auf diese vergessene Technik zurück und begründete darauf aufbauend die „nicht-direktive Gesprächspsychotherapie". Sie kennzeichnet die drei Handlungsweisen des Therapeuten: *zuhören, verstehen, akzeptieren.*

> *Zuhören ist Grundlage des Verstehens.*
> *Verstehen ist Grundlage der Akzeptanz.*
> *Akzeptieren ist Grundlage des Trostes.*

Diese Aussagen sind zwar plakativ, enthalten jedoch sehr viel Wahres. Zuhören, verstehen, akzeptieren bauen aufeinander auf. Wer den Leidenden nicht richtig anhört, kann ihn kaum verstehen. Wer den Leidenden nicht versteht, kann schlecht das Verhalten des Leidenden nachvollziehen und akzeptieren. Wer das Verhalten des Leidenden als falsch ansieht, tröstet nicht, sondern fügt dem Leidenden weiteres Leid zu.

In der angewandten Therapie gilt: Das zentrale Merkmal ist für Rogers „das Zutagefördern jener Gedanken und Einstellungen, Gefühle und emotionell belasteten Impulse, die sich um die Probleme und Konflikte des Individuums konzentrieren ... Der Berater muss wirklich imstande sein, dem Klienten die Freisetzung zu ermöglichen, damit es zu einem angemessenen Ausdruck der grundlegenden Probleme seiner Situation kommt." (Carl Rogers: Die nicht direktive Beratung, 123)

Die von Carl Rogers entwickelte Gesprächstechnik wird häufig als „Spiegeln" bezeichnet. Der Begleiter hält dem Leidenden einen Spiegel vor. Er gibt ihm das an Informationen zurück, was er von ihm bekommt. Wertung, Deutung und Interpretation ist allein Aufgabe des Leidenden, nicht des Begleitenden.

Besonders bei depressiven Menschen kann ein stures Festhalten an der Technik des Spiegelns aber zu üblen Folgen führen. Dies zeigt die folgende humorige Geschichte sehr deutlich:

> Ein Klient kommt zum Psychiater, legt sich auf die Couch. Es entsteht nun folgender Wortwechsel:
> „Ich bin völlig am Boden."
> „Sie sind völlig am Boden."
> „Ich habe jeden Lebenssinn verloren."
> „Sie haben jeden Lebenssinn verloren."
> „Ich wünschte, ich wäre tot."
> „Sie wünschen, sie wären tot."
> Der Klient steht auf, geht zum Fenster, öffnet es und springt aus dem 8. Stock.
> Der Psychiater steht auf, geht zum Fenster und springt auch aus dem 8. Stock. *(Quelle unbekannt)*

Guter Umgang mit Leidenden nach Carl Rogers ist mehr als gedankenloses Nachäffen des Gehörten, wie in dieser Geschichte. Wichtig ist, dass die angesprochenen Gefühle als solche gespiegelt werden. Dabei sollten sie ihre Bedeutung erhalten. So sollte z. B. aus Wut keine Enttäuschung gemacht werden.

Leidender	Begleiter
Ich hatte in der Situation so eine Wut, ich kann sie gar nicht ausdrücken.	Du warst so grenzenlos wütend.
Meine Trauer und mein Schmerz waren so unendlich groß.	Du fühltest nur noch Trauer und Schmerz.
Das war die größte Enttäuschung meines Lebens.	Du warst noch nie in deinem Leben so enttäuscht.

Diese Beispiele zeigen deutlich, dass bei den angesprochenen Gefühlen geblieben wurde. Sie zeigen auch, wie nicht an den Worten des Leidenden geklebt werden muss, sondern dass beim „Spiegeln" durchaus ein gewisser Freiraum besteht. Wichtig ist jedoch, dass der Inhalt als solcher korrekt wiedergegeben wird.

Die Technik des „Spiegelns" entlastet den Begleiter. Er muss nicht die nächsten Sätze überlegen, sondern kann sich ganz auf Zuhören und Verstehen konzentrieren. Außerdem vermittelt er gleichzeitig Anteilnahme. Besonders in Akutsituationen kann dies der einzige Weg sein, über den der Leidende erreicht werden kann.

2.2 Vom Umgang mit Sprache beim Trösten

Sprache ist das Kommunikationsmittel schlechthin. Mit Worten teilen wir uns mit, lassen wir dem Gesprächspartner Informationen zukommen und stellen Fragen. Große Bedeutung besitzt Sprache als Werkzeug des Tröstens.

Ein „Ich habe es doch nur gut gemeint" entschuldigt keinen „Tröster" von seinem falschen Verhalten. Der Begleiter ist in die Pflicht genommen, alles ihm mögliche zu tun, damit es dem Leidenden besser geht.

2.2.1 Bedeutung der Wortwahl

Wolfgang Holzschuh (Bischöfliches Ordinariat Regensburg (Hg.): Trauerbegleitung. Kinder und Trauer. Regensburg 2003, Seite 57) erstellte eine Liste von Formulierungen, die das Wort „sterben" umgehen, als ob damit auch die Realität des Sterbens geleugnet werden könnte. Ich übernehme und erweitere diese:

- Der Abenteurer geht drauf.
- Der Adelige geht zu seinen Ahnen.
- Der Amokläufer richtete sich selbst.
- Dem Arzt blieb das Herz stehen.
- Der strafbar gewordene Altenpfleger erlöste den Menschen von seinem Leiden.
- Der Arzt hat einen Patienten austherapiert.
- Der Bankier wechselt das Zeitliche mit dem Ewigen.
- Der Bauer öffnet dem Sensemann die Türe.
- Der Beamte wird in eine andere Welt versetzt.
- Der Bergmann fährt in die Grube.
- Der Böse muss in die Hölle.
- Der Briefträger hat seinen Lauf vollendet.
- Der Buchhalter schließt sein Leben ab.
- Der Chemiker geht seiner Auflösung entgegen.
- Der Clown hopst in die Kiste.
- Der Diplomat wird abberufen.
- Dem Elektriker erlischt das Licht.
- Der Fechter springt über die Klinge.
- Der Fixer gab sich den goldenen Schuss.
- Der Flötist geht flöten.
- Der Fromme rückt in die Himmelsarmee ein.
- Der Gärtner sieht die Radieschen von unten.
- Der Gelehrte gibt seinen Geist auf.
- Der Germane darf an Odins Tafel.
- Dem Glaser bricht das Auge.
- Der Glöckner hat ausgelitten.
- Der Gütige drückt beide Augen zu.
- Der Heilige darf in den Himmel.
- Der Held opfert sein Leben.
- Der Hindu geht ein ins Nirwana.

- Der Hochverräter wird exekutiert.
- Der Indianer geht in die ewigen Jagdgründe ein.
- Der Jäger jagt es aus den Socken.
- Der Jude geht in Abrahams Schoß.
- Der Kellner gibt den Löffel ab.
- Dem Kerzenzieher wird das Lebenslicht ausgeblasen.
- Der Killer bringt sein Opfer um die Ecke.
- Der Killer knipst seinem Opfer das Licht aus.
- Der Killer murkst ein Opfer ab.
- Dem Klavierspieler tun keine Finger mehr weh.
- Der Lebemann lebt ab.
- Der Leichtathlet springt über den Jordan.
- Der Lokomotivführer ist abgefahren.
- Der Maler verliert die Farbe und erblasst.
- Der Maurer kratzt ab.
- Der Märtyrer bekommt seinen himmlischen Lohn.
- Der Modeschöpfer tritt seinem Schöpfer gegenüber.
- Der Mörder bringt jemand zum Schweigen.
- Der Mörder macht einen kalt.
- Der Muslime darf ins Paradies.
- Die Mutter hat ein Kind verloren.
- Dem Nachrichtensprecher wurde das Leben ausgehaucht.
- Der Patient wechselt das Flügelhemd.
- Der Patient hat es nicht geschafft.
- Der Pfarrer segnet das Zeitliche.
- Der Pilger hat seine letzte Reise angetreten.
- Dem Raucher bleibt die Luft weg.
- Der Rennfahrer fährt ab.
- Dem Rennläufer geht der Atem aus.
- Der Richter scheidet dahin.
- Der Ringkämpfer hat ausgerungen.
- Der Samurai vollzieht mit Harakiri eine rituelle Entleibung.
- Der Schaffner liegt in den letzten Zügen.
- Der Schlosser schließt das Auge.
- Der Schläger macht einen platt.
- Dem Schneider reißt der Lebensfaden.
- Der Schreiner legt den hölzernen Kittel an.
- Der Schwimmer geht baden.
- Der Selbstmörder nimmt sich das Leben.
- Der Sänger fasst Harfe und Flügel.

- Der Soldat beißt (vor Schmerzen) ins Gras.
- Der Soldat fällt in der Schlacht.
- Der Soldat war bei einem Himmelfahrtskommando.
- Der Töpfer verlässt das Irdische.
- Dem Uhrmacher ist die Zeit abgelaufen.
- Dem Uhrmacher schlägt die letztes Stunde.
- Der Verunglückte kommt um.
- Der Verurteilte wird hingerichtet.
- Den Verurteilten ereilt seine Strafe.
- Der Wanderer geht dahin.
- Der Wanderer geht von uns.
- Der Wanderer macht den Schirm zu.
- Der Wanderer streckt die Füße.
- Der Wanderer überschreitet die Schwelle des Todes.
- Der Weltenbummler verlässt diese Welt.
- Der Fährtensucher ist uns vorausgegangen. (1.Hochgebet [HG])
- Der Lebensmüde ist entschlafen. (1. und 2. HG)
- Der Familienrichter ist aus dieser Welt geschieden. (2. und 3. HG)
- Der Wanderer ist heimgegangen. (4. HG)

Selbst in der liturgischen Sprache „sterben" wir nicht, sondern entschlafen, gehen voraus, scheiden aus der Welt oder gehen heim ... Sind wir damit unsterblich oder verschließen wir nur die Augen vor der Realität?

Mit jeder dieser Formulierungen wird umschrieben, dass hier ein Mensch gestorben ist. Meist fehlt in dieser Formulierung, dass der Tod nicht rückgängig gemacht werden kann. Mit Kinderaugen betrachtet könnte dies zu folgenden Fragen und Reaktionen führen:

... geht zu seinen Ahnen	Dann soll er wieder zurückkommen.
... fährt in die Grube	Dann soll er wieder zurückfahren.
... hopst in die Kiste	Dann soll er wieder zurückhopsen.
... springt über die Klinge	Dann soll er wieder zurückspringen.
... sieht die Radieschen von unten	Wie macht er das?
... bricht das Auge	Dann soll er zum Augenarzt gehen.
... schließt die Augen	Dann soll er sie wieder aufmachen. (Diese Formulierung kann bei Kindern Angst vor dem Schlafen erzeugen!)
... gibt den Löffel ab	Dann geben wir ihm einen neuen Löffel.

... springt über den Jordan	Was macht er denn in Israel? / Wann kommt er wieder zurück?
... wurde kalt gemacht	Dann müssen wir ihn aufwärmen.
... hat ein Kind verloren	Dann müssen wir es suchen gehen.
... liegt in den letzten Zügen	Wo fahren diese Züge hin?
... geht baden	Ich will auch zum Baden gehen.
... beißt ins Gras	Schokolade schmeckt aber besser.
... er ist gefallen	Dann helfen wir ihm wieder auf.
... geht von uns	Er soll wieder zurückkommen.
... ist entschlafen	Dann wecken wir ihn wieder auf.
... ist uns vorausgegangen	Dann soll er wieder zurückkommen.
... ist heimgegangen	Dann können wir ihn dort besuchen. / Hier ist doch sein Zuhause!

Ich benutzte lange Zeit die Formulierung „Eltern, die ein Kind *verloren haben*". Irgendwann wurde mir bewusst, dass dieses Kind nicht wiedergefunden werden kann, es wird nicht wieder lebendig.

Das Sterben ist ein unumkehrbares Geschehen. Dies sollte beim Trösten auch deutlich aus der Wortwahl hervorgehen. Jede andere Formulierung schwächt den Tod eines Menschen ab, auch wenn allen klar ist, dass dabei vom Tod eines Menschen gesprochen wird. Die Worte suggerieren ein Gehen, was ein Zurückkehren offen lässt, sie suggerieren ein Verlieren, was ein Auffinden als Lösung anbietet.

Jede Abschwächung in der Formulierung ist gleichzeitig auch eine Abschwächung in der Anerkennung des Geschehens. Dies wirkt dem Versuch des Tröstens entgegen.

2.2.2 Bedeutung des Satzbaus

Ein falscher Satzbau stellt eine ernste Falle des Tröstens dar. So kann kaum trösten, wer ein Verb (Zeitwort, Tätigkeitswort) an den Satzanfang stellt. Damit lässt sich nur eine der drei Satzformen bilden: a) eine Frage, b) eine Bitte (dann muss der Satz jedoch „bitte" beinhalten), c) ein Appell, ein Befehl.

Oft kann der gleiche Inhalt bzw. das gleiche Anliegen in einer anderen Form vermittelt werden. Daher sei hier genauer auf die drei Satzformen eingegangen.

Fragen

Nachfragen kann durchaus tröstenden Charakter haben. Damit wird Interesse am Leidenden und seiner Situation gezeigt. Es sollten jedoch Verständnisfragen sein, die hier gestellt werden, die den Leidenden dazu einladen, von seinem Leid zu erzählen. Keinesfalls sollten es Rechtfertigungsfragen sein. Diese setzen den Leidenden unter Druck und vergrößern damit das Leid. Das wirkt dem Trösten entgegen.

Bitten

Eine Bitte bedeutet immer, dass vom Gesprächspartner ein bestimmtes Verhalten erwartet wird. Diese Erwartungshaltung setzt in der Regel den Leidenden unter Druck und erhöht damit sein Leiden. Daher sollten besonders in der Akutphase des Leids keine Bitten an den Leidenden gerichtet werden. Auch später sollte sehr behutsam und bedacht damit umgegangen werden, um den Leidenden nicht unnötig zu belasten.

Bitte	Andere Form
Mache dir bitte um mich keine Sorgen, denn ich komme zurecht.	Um mich brauchst du dir keine Sorgen zu machen, denn ich komme zurecht.
Sprich doch bitte nicht ständig von der Vergangenheit.	Was hast du heute/gestern erlebt?
Ziehe dir bitte nicht ständig diese schwarzen Sachen an.	Ich wünsche dir, dass du bald wieder farbige Sachen anziehen kannst.

Diese Beispiele zeigen, dass das Anliegen einer Bitte auch völlig anders ausgedrückt werden kann, sodass es für den Leidenden keinen Leidensdruck erzeugt, für ihn sogar eine befreiende Information (1. Beispiel), eine Einladung zum Erzählen (2. Beispiel) oder ein Wunsch (3. Beispiel) sein kann. Alle drei Beispiele entlasten und besitzen damit tröstenden Charakter.

Appelle

Appelle stellen an den Gesprächspartner klare Handlungsanweisungen mit der Erwartungshaltung um Erfüllung. Für Leidende stellen Appelle immer einen zusätzlichen Druck dar.

Wie schon bei den Bitten, lassen sich auch die Anliegen eines Appells in anderer Form ausdrücken, sodass sie für den Leidenden nicht als Last, sondern als Befreiung empfunden werden.

Appell	Andere Form
Denk nicht immer daran! Es gibt so viel Schönes im Leben.	Kannst du den schönen Frühling/Sommer/Herbst/Winter sehen?
Schau nach vorne! Das Leben geht weiter.	Du kannst dich jederzeit an mich wenden.
Sei nicht traurig! Es gibt noch andere Männer/Frauen.	Der Tod eines geliebten Menschen schmerzt sehr.

Tipp: Wenn Sie überlegen, zu welchen Formulierungen der Bitte und des Appells Sie neigen, können Sie diese zusammenstellen und sich andere Formulierungen einfallen lassen. Diese sollten Sie sich einprägen, um sie parat zu haben, wenn Sie sie benötigen.

2.2.3 Die Wahl der Ausdrucksweise

So manches kommt nicht als Trost an, weil die Sprache nicht richtig gewählt wurde. So kann z. B. eine Botschaft sehr religiös ausgedrückt werden oder auch sehr weltlich. Es kann auch eine gemäßigte Ausdrucksweise zwischen diesen beiden Extremen genommen werden.

Religiöse bis säkulare Ausdrucksweise

Besonders Menschen, die in ihrem Glauben gut beheimatet sind, laufen Gefahr, mit dem Leidenden zu religiös zu sprechen. Sie haben Bibelzitate und kirchliche Redewendungen so gut verinnerlicht, dass sie ohne weiteres Nachdenken sofort verfügbar sind. Auch wenn es an der Aussage als solcher nichts auszusetzen gibt, so kann die Wahl der Sprache den Leidenden zurückstoßen.

Nachfolgende Beispiele sollen aufzeigen, wie in den drei Gruppen „stark religiös", „schwach religiös" und „weltlich" die gleiche Mitteilung geäußert werden kann.

Stark religiös	Schwach religiös	Weltlich
Ich werde für sie beten, dass Gott ihnen die Kraft zukommen lässt, das Leid zu tragen.	Möge ihnen Gott die Kraft zukommen lassen, das Leid zu tragen.	Ich wünsche ihnen, dass sie die Kraft bekommen, das Leid zu tragen.
Beten wir darum, dass Gott ihnen bald Appetit gibt.	Möge Gott ihnen wieder Appetit geben.	Mögen die Medikamente rasch wirken und sie Ihnen bald Appetit geben.
Ich bitte Gott, dass er sie wieder gesund werden lässt.	Möge Gott sie wieder gesunden lassen.	Mögen sie wieder gesund werden.
Ich bete für sie, dass Gott mithelfe, ihre schwere Krankheit zu überwinden.	Möge Gott ihnen helfen, die schwere Krankheit zu überwinden.	Mögen die Ärzte und die Medizin ihnen helfen, die schwere Krankheit zu überwinden.
Beten wir zu Gott, dass sie vor weiterem Unheil bewahrt bleiben mögen.	Möge Gott sie vor weiterem Unheil bewahren.	Mögen sie vor weiterem Unheil bewahrt bleiben.

Ein tief religiöser Mensch findet wenig Trost, wenn er nur weltlich angesprochen wird. Ein weltlich eingestellter Leidender hingegen wird sich missioniert vorkommen, wenn er nur stark religiöse Mitteilungen erhält. Daher ist es wichtig, dass die gewählte Ausdrucksweise zum Leidenden passt.

Hoffnungsvolle bis ergebnisoffene Ausdrucksweise

Im Krankheitsfall besitzen zunächst alle Menschen große Hoffnung, wieder gesund zu werden. Damit ist die Form der Kommunikation einfach. Alle sprechen hoffnungsvoll. Daneben gibt es jedoch auch Situationen, in denen für alle Außenstehende klar ist, dass es keine Hoffnung mehr gibt, die Kranken und/oder deren Angehörige allerdings noch immer an der Hoffnung festhalten. Hier kommt es darauf an, in welcher Aufgabe und Rolle man zum Kranken bzw. Angehörigen steht:

Lage des Patienten	Arzt	Begleiter
Aufgabe	Der Arzt sollte den Kranken über seine Krankheit aufklären, soweit dieser es wünscht. Es gibt auch Patienten, die über ihre Krankheit nichts wissen wollen und den Arzt an die Angehörigen verweisen. In diesem Fall sollten die Angehörigen wissen, wie es um den Kranken steht.	Der Begleiter hat den Kranken bzw. Angehörigen zu begleiten. Es widerspricht dem Prinzip der Begleitung, gegen den Willen des Betroffenen die Hoffnung zu nehmen, wenn der Tod erst in Tagen oder Wochen zu erwarten ist.
sichere Genesung	Der Arzt sollte den Patienten wahrheitsgemäß aufklären.	Der Begleiter sollte bei Patient und Angehörigen Ängste nehmen und Hoffnung fördern.
unsicherer Ausgang	Der Arzt sollte den Patienten wahrheitsgemäß aufklären.	Der Begleiter sollte weder Hoffnung noch Hoffnungslosigkeit verbreiten, sondern sich neutral verhalten.
ohne Bewusstsein, mit Heilungschance	Der Arzt sollte die Angehörigen wahrheitsgemäß über den Gesundheitszustand aufklären.	Der Begleiter kann sich an der Haltung der Angehörigen orientieren. Keinesfalls sollte er von sicherer Hoffnung sprechen, solange diese nicht vorhanden ist.
ohne Bewusstsein, ohne Heilungschance	Der Arzt sollte die Angehörigen wahrheitsgemäß über den Gesundheitszustand aufklären.	Der Begleiter sollte den Angehörigen die Hoffnung nicht nehmen, wenn der Tod erst in Tagen oder Wochen zu erwarten ist. Keinesfalls sollte er Hoffnung fördern, sondern eher zu einer vorsichtig abwartenden Haltung hinführen.

bei sicherem fernem Tod	Der Arzt sollte den Kranken bzw. die Angehörigen auf die Ernsthaftigkeit der Lage hinweisen. Er kann sich auf die Bitte des Patienten einlassen, gegen alle Vernunft bis zuletzt die Therapie weiter zu betreiben.	Der Begleiter kann sich an der Haltung der Angehörigen orientieren. Keinesfalls sollte er von sicherer Hoffnung sprechen.
bei sicherem nahem Tod	Ist der sichere Tod in wenigen Minuten oder Stunden zu erwarten, sollte der Arzt dies auch mitteilen, es sei denn, der Ernst der Lage ist bereits allen bewusst.	Hat der Arzt den Patienten oder seine Angehörigen über den unmittelbar bevorstehenden Tod aufgeklärt, sollte der Begleiter dies ruhig und sachlich bestätigen. Wollen Sterbende und/oder Angehörige hiervon noch immer nichts wissen, so gilt es sie auch in Hoffnung bis zuletzt zu begleiten.

Wie diese unterschiedlichen Ausdrucksformen von hoffnungsvoll bis ergebnisoffen aussehen können, zeigen nachfolgende Beispiele:

Sehr hoffnungsvoll	Mit Hoffnung	Ergebnisoffen	Sicherer Tod
Ich wünsche ihnen, dass sie bald wieder nach Hause können.	Ich wünsche ihnen, dass es ihnen bald besser geht.	Ich wünsche ihnen, dass sie sich bald besser fühlen.	Ich wünsche ihnen, dass sie noch alles ihnen Wichtige regeln können.
Ich bin mir sicher, dass Sie wieder nach Hause gehen.	Wenn man so lange schwer krank daliegt, können Zweifel aufkommen, ob man es noch schafft.	Dieses Wechselbad der Gefühle zwischen hoffen und bangen ist sehr zermürbend.	Auf Wiedersehen, denn ich bin davon überzeugt, dass wir uns wieder sehen werden.

Medizinisch gibt es keinen Hinweis, dass sie es nicht schaffen.	Ich sehe keinen Grund, Angst zu haben, es nicht zu schaffen.	Woran machen sie ihre Ängste fest, dass sie nicht wieder nach Hause kommen?	Ja, sie werden es leider nicht mehr schaffen.

Die jeweilige Ausdrucksform in Hinblick auf Hoffnung sollte der jeweiligen Situation angepasst sein. In keinem Fall darf ein Begleiter einem Leidenden eine Haltung aufzwingen, die er nicht bereit ist anzunehmen. Auch wenn der sichere Tod eines Sterbenden unmittelbar bevor steht und die Angehörigen bis zuletzt noch Hoffnung hegen, so sollte der Begleiter diese auf ihrem hoffnungsvollen Weg begleiten. Andernfalls würde in der Sterbephase die emotionale Begleitung nicht nur wegfallen, sondern könnte zu einem Kampf ausarten, ob nun Hoffnung zugelassen werden kann oder Hoffnungslosigkeit angenommen werden muss. Letztendlich hätten die Hinterbliebenen das Sterben ihres Angehörigen nur in schlechter Erinnerung. Wird hingegen auch in diesen hoffnungslosen Situationen die Hoffnung der Angehörigen begleitet, von der sie nicht lassen wollen, so fühlen sie sich nie allein.

Bei überraschend erfolgtem Tod fragen Angehörige oft nach, ob es auch wirklich so ist, da sie es noch gar nicht fassen können. Hier bedeutet Begleitung, dass immer wieder mit klaren sachlichen Worten der Tod des/der Verstorbenen bestätigt wird, gleichgültig wie oft die Hinterbliebenen nachfragen, ob er/sie nun auch wirklich tot ist. Gefühlvolle Umschreibungen sind hierbei wenig hilfreich.

Forderung oder Wunsch?

„Tröster" wünschen dem Leidenden sicherlich eine Besserung der Lage; das wird jedoch sprachlich nicht immer als Wunsch vermittelt, sondern oft als Forderung.

Forderung	Wunsch
Ich hoffe, dass es dir dann besser geht. Hoffnung sollte der Leidende haben, nicht der Begleiter. So ausgedrückt empfindet es der Leidende als Forderung.	**Ich wünsche, dass es dir dann besser geht.** Der Wunsch fordert keine Leistung vom Leidenden. Es soll an ihm geschehen.
Morgen sollte es dir wieder besser gehen. Auch dies wird vom Leidenden als Forderung empfunden.	**Möge es dir morgen wieder besser gehen.** Diese Form des Wunsches ist leider aus der Mode gekommen, sollte aber stärker gepflegt werden.
Du musst für deine Kinder und Enkelkinder wieder gesund werden. Dieses Bewusstsein ist bei den meisten Kranken vorhanden und es muss nicht daran erinnert werden. Das „Muss" setzt einen unnötigen Leidensdruck.	**Deine Kinder und Enkelkinder wünschen dir baldige Rückkehr nach Hause.** Kinder und Enkelkinder drücken ihren Wunsch aus. Der Kranke muss nichts tun, sondern ist Empfänger eines Wunsches und darf an sich den Wunsch geschehen lassen.

Im Umgang mit Patienten bemühe ich mich sehr darum, sprachlich von Wünschen zu sprechen. Ich wünsche den Patienten neben der „guten Besserung", auch:
- „dass ihnen die Ärzte rasch und dauerhaft helfen mögen",
- „dass sie in der kommenden Nacht mindestens sechs Stunden am Stück schlafen können",
- „dass sie bald von der Intensivstation auf die Normalstation verlegt werden können",
- „dass sie die Hoffnung nicht verlieren mögen",
- „dass der Appetit bald zurückkehren möge",
- „dass sie rasch wieder zu Kräften kommen mögen",
- „dass die Schmerzen auch ohne Schmerzmittel ausbleiben mögen",
- „dass die Chemotherapie den Krebs in die Schranken weisen möge",
- „dass die Operation gut gelingen möge",

- „dass das in die Operation gesteckte Ziel voll und ganz erreicht werde",
- „dass sie bald nach Hause entlassen werden können",
- „dass sie nicht so schnell wieder in die Klinik müssen",
- „dass sich der Krebs für viele Jahre ruhig verhält",
- „dass ihnen noch lebenswerte Jahre geschenkt sein mögen".

Häufig greife ich am Ende des Gesprächs mit meinen Wünschen auf die Äußerungen der Patienten zurück. Wer über Schmerz klagte, dem wünsche ich Schmerzfreiheit. Wer keinen Appetit hat, dem wünsche ich baldige Freude am Essen. Wer vergangene Nacht kaum schlafen konnte, dem wünsche ich erholsamen Schlaf.

Zuweilen verweisen Patienten nach der Mitteilung eines Wunsches darauf, dass es für sie schwierig ist, dieses Ziel zu erreichen. In ihnen ist die Haltung, dass sie selbst etwas tun müssten, damit der Wunsch Wirklichkeit werde. Ich wiederhole dann nur den Anfang des Wunsches: „Ich wünsche es ihnen." Allen bisherigen Patienten wurde spätestens dann klar, dass es ein Wunsch meinerseits ist, der keine Leistung ihrerseits erfordert, sondern dass es an dem Kranken geschehen möge.

Es gibt jedoch auch die aktiven Wünsche, die den Leidenden unter Druck setzen, die ihm etwas abverlangen. Diese Wünsche sollten auf jeden Fall gemieden werden:

Aktiver Wunsch	Passiver Wunsch
Ich wünsche mir, dass du die Trauerkleidung bald ablegst.	Ich wünsche dir, dass du die Trauerkleidung bald ablegen kannst.
Ich wünsche mir, dass du wieder lachst.	Ich wünsche dir, dass du wieder lachen kannst.
Ich wünsche mir, dass du wieder Lebensfreude entwickelst.	Ich wünsche dir, dass deine Lebensfreude wieder zurückkehren möge.

Beim aktiven Wunsch hat der Leidende Leistung zu erbringen, er selbst muss aktiv werden, damit der Wunsch in Erfüllung geht. Das erzeugt unnötigen Druck.

Beim passiven Wunsch hat der Leidende selbst nichts zu tun. Er kann passiv bleiben. Der Wunsch geschieht an ihm. Diese Form befreit.

Zuweilen ist noch zu beobachten, dass die Wünsche auf den „Tröster" gerichtet sind („ich wünsche mir"). Hierbei kommt zum Ausdruck, dass es dem „Tröster" gar nicht um den Leidenden geht, sondern um sich selbst. Damit es dem „Tröster" besser geht, hat der Leidende aktiv zu werden und Leistung zu erbringen. Dies widerspricht dem Grundansatz von Trost, da es belastet, statt zu befreien.

Wünsche, die am Leidenden geschehen, die er erfahren darf, sind frei von Leistungsdruck. Der Empfänger des Wunsches muss nichts tun, damit der Wunsch in Erfüllung geht. Er darf sich von diesem Wunsch beschenken und den Wunsch an sich geschehen lassen.

Offene Fragen stellen

Grundsätzlich wird zwischen offenen und geschlossenen Fragen unterschieden. Geschlossene Fragen zeichnen sich dadurch aus, dass sie mit einem Satz beantwortet werden können, manchmal auch nur mit einem Wort. Offene Fragen hingegen laden ein, zu erzählen. Sie sind nicht einfach nur mit einem Satz zu beantworten.

Geschlossene Frage	Offene Frage
Wie haben sie geschlafen? Schlecht.	**Was hat sie am Schlafen gehindert?** Es war im Zimmer so viel los.
Haben sie Schmerzen? Ja.	**Was ist denn passiert?** Ich hatte einen Verkehrsunfall.
Bekommen sie Besuch? Nein.	**Wie geht es nun mit ihnen weiter?** Ich darf nach der Kur nach Hause.
Wie geht es ihnen? Schlecht.	**Wie geht es ihnen?** Schlecht, ich darf nicht essen und trinken, …

Als letztes Beispiel ist bewusst die Frage „Wie geht es ihnen?" auf beiden Seiten genannt. Wenn diese Frage als Eingangsfrage gestellt wird, kann aus einem knappen „Schlecht" vieles abgeleitet werden. Es bestehen hierfür verschiedene Möglichkeiten der Deutung:

- Dem Leidenden geht es schlecht. (Fakt)
- Der Leidende ist irgendwie gereizt. (Vorsicht!)
- Der Leidende will nicht (mit Ihnen) sprechen.

Ein nachgeschobenes „Warum?" kann hier Klärung bringen:
- „Ich habe in der letzten Nacht kaum geschlafen."
- „Heute ist mir Schwester M. schief gekommen."
- „Ich will heute meine Ruhe haben."

Mit diesem nachgeschobenen „Warum?" besteht nochmals das Angebot, mit einer offenen Frage das Gespräch zu eröffnen und den Leidenden zum Erzählen einzuladen. Wenn er diese Einladung nicht annimmt, ist es angebracht, das Gespräch rasch zu beenden und dem Leidenden seine Ruhe zu lassen.

Meist nehmen Leidende die Frage „Wie geht es ihnen?" als Einladung an, darüber zu sprechen. Dabei bleibt es selten bei einem Satz. Oft ist es so, als würden Leidende nur darauf warten, einen Menschen zu finden, dem sie ihr ganzes Leid erzählen dürfen. Es sprudelt dann regelrecht aus ihnen heraus.

„Wie geht es ihnen?" stellt überhaupt die offenste aller Fragen dar. Sie kann als geschlossene Frage mit einem knappen „Gut" oder „Schlecht" beantwortet werden, aber sie kann auch als Einladung verstanden werden, über das Leid zu sprechen. In der Klinik stellt sie gegenüber einem „Warum sind sie hier?" bzw. „Was haben sie?" noch die Offenheit dar, über das zu sprechen, was aktuell den Leidenden am meisten bedrückt, was für ihn oben an steht. So erlebte ich nach dieser Eingangsfrage folgende Beispiele:

> Auf der Herzstation sprach eine Frau nicht von ihrer Herzkrankheit, sondern davon, dass sich ihr Sohn mit 27 Jahren das Leben genommen hatte.
>
> Auf einer chirurgischen Station antwortete mir ein Patient, der am folgenden Tag operiert werden sollte: „Letzte Woche ist mir meine Frau gestorben."

Wenn ich nach dem Grund des Krankenhausaufenthaltes gefragt hätte, hätte ich damit das Gesprächsthema auf die organische Krankheit eingegrenzt. Es hätte durchaus sein können, dass wir im Laufe des Gespräches zu den anderen Themen noch gekommen wären, sicher ist dies jedoch nicht. Durch die absolute Weite der Frage „Wie geht es ihnen?" besteht jedoch für den Leidenden auch die Möglichkeit, über das zu sprechen, worunter er momentan am meisten leidet.

Leidende sind hoch sensible Menschen. Sie nehmen Körperhaltung, Verhalten und Klang der Stimme in besonderem Ausmaß wahr. So spüren sie sehr genau, ob die Frage „Wie geht es ihnen?" eine Floskel oder ob echtes Interesse vorhanden ist. Sie spüren, ob jemand gehetzt ist oder Zeit für sie hat. Diese meist nonverbalen Mitteilungen, die wir alle ständig aussenden, entscheiden oft darüber, welche Antwort wir erhalten. Einem gehetzt wirkenden Menschen wird man kaum das eigene Leid erzählen. Wird jedoch vermittelt, dass man für den Leidenden Zeit hat, packt dieser gerne aus.

Es bringt jedoch nichts, wenn nach dem Erzählen des Leids das Gehörte nicht in guter Weise aufgegriffen und damit gut umgegangen wird.

Anteilnahme oder Verhör?

„Ich habe doch nur gefragt!", ist zuweilen zu hören, wenn der Leidende in aggressiver Weise sich plötzlich verschließt. Inhaltlich hat der Tröster durchaus Recht. Formell hat er jedoch in einer Art und Weise gefragt, die beim Leidenden den Eindruck aufkommen ließ, er werde ausgehorcht oder gar verhört.

Allein die Tatsache, dass gefragt wurde und die Frage inhaltlich angemessen war, stellt nicht sicher, dass sie tröstend wirkt. Hierzu sind noch einige wichtige Faktoren zu beachten:

– *Mitfühlender Tonfall*
Wenn in einem rein sachlichen Tonfall gefragt wird, entsteht beim Leidenden schnell der Eindruck, dass es dem Tröster nur um die Sachinformationen geht, dass er ausgehorcht oder gar verhört wird. Eine weiche, gefühlvolle Stimme hingegen vermittelt schon vom Klang her Anteilnahme. Es wird beim Leidenden die Gefühlsebene angesprochen, gleichgültig was inhaltlich gesagt wird.

– *Gefühle ansprechen*
Ob der Begleiter das eigene Gefühl benennt oder nach dem Gefühl des Leidenden fragt, ist unbedeutend. Gefühle müssen

auch nicht das Thema des ganzen Gespräches sein. Wichtig ist, dass Gefühle angesprochen werden.

– *Interesse zeigen*
Der Grat zwischen Interesse und aushorchen oder psychologisieren ist sehr dünn. Oft macht es nur die Wortwahl aus, die dem Leidenden deutlich macht, dass er nun von seinem Gesprächspartner als Therapieopfer gesehen wird. Der Tonfall ist ausschlaggebend dafür, ob der Leidende sich wie in einem Verhör fühlt oder einen Menschen gegenüber hat, der echtes Interesse an ihm und seiner Situation hat.

Leidende sollten sich angenommen fühlen und nicht wie bei einem Psychiater auf der Couch oder vor Gericht bei einem Verhör. Der Begleiter kann viel dazu beitragen, dass dieses Gefühl nicht entsteht. In dieser Verantwortung steht er dem Leidenden gegenüber.

Sprachlosigkeit zum Ausdruck bringen

Beim Trösten begegnen wir immer wieder der Warum-Frage, auf die es keine allgemein gültige Antwort gibt. „Es ist, wie es ist", pflegte mein Vorgänger als Krankenhauspfarrer, Pater Joachim Becker SJ († 2001), immer wieder zu sagen. Damit betonte er die Realität, die wir oft nicht verstehen, mit der wir jedoch zu leben haben. Eine Antwort auf die Warum-Frage ist es auch nicht.

Bei schwerem Leid bleibt dem Begleiter daher nur Sprachlosigkeit. Er kennt keine Antwort auf die Frage nach der Ursache des Leids. Selbst wenn ein Mensch im hohen Alter stirbt, bleibt die Frage, warum er nicht noch älter werden konnte. Auch wenn jemand nach schwerer Krankheit oder als Pflegefall stirbt: Warum konnte es nicht noch einige Jahre so weitergehen? Es war doch bisher gegangen!

Keine Antwort auf die Warum-Frage zu haben, ist schwer auszuhalten. Genau dies ist aber meist auch die Situation des Leidenden. Er sucht eine Antwort und findet keine, die er annehmen kann. Trost liegt nun nicht darin, ihm eine Antwort zu geben, sondern die Situation der Unwissenheit mit auszuhalten. Dies bedeutet, dass der Begleiter keine Antworten gibt.

Was aber ist stattdessen zu sagen, zu tun?

Sprachlosigkeit durch Körpersprache ausdrücken

Eine höchst wirksame Form der Kommunikation ist die Körpersprache. Damit ist kein wortloses Achselzucken gemeint, sondern dem Leidenden kurz die Hand auf Schulter, Arm oder Hand zu legen oder ihn einfach in die Arme zu schließen. Wenn der Leidende dann Ihre Hand festhält, sollten Sie diese dort weiterhin belassen. Reagiert der Leidende in keiner Weise, sollten Sie die Hand bald wieder vom Leidenden nehmen. Die Nicht-Reaktion des Leidenden muss nicht bedeuten, dass er den Kontakt nicht tröstend oder zumindest wohltuend empfunden hätte.

In seltenen Fällen nimmt sich der Leidende auch diese körperliche Zuwendung.

Auf der Intensivstation starb ein 40-jähriger Patient. Seine Eltern und seine beiden Geschwister waren anwesend. Ich betete noch kurz mit ihnen, dass Gott den Sterbenden bei sich aufnehmen möge. Wenige Minuten später hörte das Herz auf zu schlagen. Die Ärztin schaltete das Beatmungsgerät ab. Damit war allen Anwesenden klar: Hier liegt ein Toter. Obwohl die Mutter des Verstorbenen neben ihrem Ehemann stand, wandte sie sich zu mir und umklammerte mich. Ich umarmte sie und hielt sie stumm fest. Nach einigen Sekunden löste sie die Umklammerung, worauf auch ich sie losließ. Sie wandte sich hierauf wieder ihrem verstorbenen Sohn zu.

Dieser wortlose (kurze) Körperkontakt lässt den Leidenden spüren, dass der Begleiter ihm jetzt vor allem emotional sehr nahe ist. Er steht nicht als der Besserwisser auf der Höhe des Lebens, sondern befindet sich im Augenblick zusammen mit dem Leidenden am Tiefpunkt seiner Gefühle. Diese Solidarität mit dem Leidenden tröstet.

Sprachlosigkeit durch Sprache ausdrücken

Sprachlosigkeit sollte beim Trösten mit ein, zwei Sätzen ins Wort gebracht werden. Ein nur sprachloses Aushalten der Situation hilft dem Leidenden nicht, wenn er nicht weiß, was in Ihnen vorgeht, wie Sie sich fühlen. Mit nur einem Satz geben Sie ihm diesen wichtigen Einblick, den er braucht, um Trost zu erfahren.

Keinesfalls sollte nun ein Monolog über Sprachlosigkeit oder Leid folgen. Daran ist der Leidende nicht interessiert. Er weiß um

Leid und Sprachlosigkeit, da er sie augenblicklich durchlebt. Was der Leidende jedoch benötigt, das ist die Mitteilung, dass es Ihnen nicht viel anders ergeht.

Ich weiß nicht, was ich sagen soll. –
Mit diesem Eingeständnis geben Sie zu, dass Sie zusammen mit dem Leidenden sprachlos sind. Sie solidarisieren sich mit dem Leidenden. Er fühlt sich in seinem Leid nicht allein. Das tröstet.

Ich bin ganz sprachlos. –
Nach diesem Satz sollten Sie still sein und schweigen, damit dieser Satz auch wirken kann. Der Leidende kann im Vollzug Ihrer Handlungen das erleben, was Sie ihm verbal mitteilen. Wenn Sie noch etwas anzufügen haben, sollten Sie auf jeden Fall eine größere Pause lassen, damit dieser Satz nicht an Wirkung verliert und glaubhaft bleibt.

Ich bin schockiert. –
Auch hier ist nach diesem Eingeständnis Schweigen angesagt. Jedes weitere Wort macht Sie unglaubwürdig.

Ich weiß es auch nicht. –
Der Leidende braucht keinen allwissenden „Tröster", sondern einen Menschen, der versteht und mitfühlt. Ratlosigkeit zu teilen ist ein Ausdruck des Mitgefühls.

Auf diese Frage habe ich auch keine Antwort. –
Unwissenheit ist im Umgang mit Leidenden nicht immer ein Fehler. Damit kann schon keine falsche Antwort gegeben werden. Sie verringern sich auch den Leistungsdruck, auf alle Fragen eine Antwort parat haben zu müssen.

Klang der Sprache

Untersuchungen haben gezeigt, dass Menschen zu zwei Dritteln wahrnehmen, *wie* etwas gesagt wurde und zu einem Drittel, *was* gesagt wurde. Dies unterstreicht die Bedeutung der Klangfarbe der Sprache.

Dieser Klang der Sprache kann die unterschiedlichsten Gefühle und Haltungen ausdrücken:

Selbstbewusstsein und Selbstsicherheit,
Herrschsucht und Befehl,
Angst und Sorge,
Wut und Zorn,
Rat- und Hilflosigkeit,
Hoffnungslosigkeit und Niedergeschlagenheit,
Verständnis und Anteilnahme,
Liebe und Güte.

Gefährlich wird es, wenn ein „Ich weiß es auch nicht" voller Selbstsicherheit und Selbstbewusstsein ausgesprochen wird. Bei dem Leidenden kommt damit eine doppelte Botschaft an, nämlich auf nonverbalem Wege ⅔ Selbstsicherheit und auf verbalem Wege ⅓ Ratlosigkeit. Diese beiden Aussagen widersprechen sich und hinterlassen beim Leidenden einen schlechten Nachgeschmack.

Die nonverbale Botschaft sollte immer mit dem gesprochenen Wort übereinstimmen.

3. Kaleidoskop des Tröstens

3.1 Über die Trauer

Über Trauer und verschiedene Trauermodelle gibt es viele Bücher. Daher soll hier nicht näher auf dieses Thema eingegangen, sondern auf entsprechende Fachliteratur verwiesen werden (vgl. Literatur im Anhang). Hier will ich vielmehr vor allem darauf eingehen, was mir in meiner langjährigen Arbeit mit verwaisten Eltern, deren Kind während der Schwangerschaft starb, zum Umgang mit Trauer deutlich und wichtig wurde. Inhaltlich gilt das Gleiche auch für andere Formen des Verlusts eines lieben Menschen.

3.1.1 Symptome der Trauer

Trauer ist ein sehr starkes Gefühl, das über einen hereinbricht, das einen überrennt, ohne dass man sich dagegen wehren kann. Gegen Trauer gibt es keinen Schutz. Es gibt lediglich die Frage, ob man Trauer zulässt oder ob man sie verdrängt. Wird Trauer zugelassen, so kann sie sogar zur Kraftquelle von Kreativität werden. Viele namhafte Künstler schufen erst nach Leiderfahrungen ihre großen Werke. Zu ihnen gehören Paul Gerhard (1607–1676) und Rembrandt (1606–1669).

Weinen

Weinen ist das wohl häufigste und bekannteste Symptom von Trauer. Nicht immer kann das Weinen unterdrückt werden, weswegen es neben einer Form der Trauerarbeit auch ein Symptom der Trauer ist.

Schlapp sein wie ein leerer Luftballon

Trauer zieht auch körperliche Folgen und Symptome nach sich. Eine häufig anzutreffende Folge von Trauer ist Kraft- und Antriebslosigkeit. Für nichts mehr hat der Trauernde Interesse, zu nichts mehr Kraft.

Konzentrationsprobleme, Vergesslichkeit

Ein weiteres Symptom von Trauer sind Konzentrationsprobleme und Vergesslichkeit. Sie führen mitunter sogar zu zeitweiser Arbeitsunfähigkeit.

Verlust von Lebensfreude

Leid zerstört Lebensqualität. Dies führt unweigerlich zur Minderung oder gar zum Verlust von Lebensfreude. Manche Leidende sagen daher auch, dass ihnen nichts mehr Freude bereitet. Alle alten Quellen der Freude sind versiegt, eine neue ist noch nicht gefunden. Für manche Leidende ist es auch unvorstellbar, dass sie noch eine solche finden.

Verlust von Lebenswillen

Viele Trauernde verlieren für Wochen, Monate und Jahre ihren Lebenswillen. Sie erkennen seit dem Tod eines geliebten Menschen keinen Sinn mehr im Leben. Sie sterben zuerst psychisch, dann physisch. Die Zahl der Menschen, die in den ersten zwei Jahren nach dem Tod des Partners sterben, spricht hier eine deutliche Sprache.

Verlust des Lebenssinns

Nicht wenige Trauernde verlieren mit dem Tod des geliebten Menschen jeden Lebenssinn. Sie fallen damit in tiefe Depressionen, die bis hin zu Suizid(versuchen) reichen können. Die Zahl derer, die sich aus Liebeskummer das Leben nehmen, ist hierfür ein deutliches Zeugnis.

3.1.2 Vorauseilende Trauer

Wenn der unabwendbare Tod eines Menschen ansteht, fühlen sich alle hilflos: Ärzte, Pflegepersonal, Seelsorger, aber vor allem die Angehörigen. Wenn ihnen gesagt wird, dass der Kranke nun sterben wird, setzt die vorauseilende Trauer ein. Ihre Zeit ist davon geprägt, dass die Angehörigen wissen, dass der sichere Tod unmittelbar bevor steht, noch aber lebt der Sterbende. An dieser Beobachtung „noch atmet er" halten sich die meisten Angehörigen fest.

Sie machen sich auch Gedanken darüber, wie es sein wird, wenn der Sterbende verstorben ist. Wie wird sich die Trauer dann anfühlen? Was wird diese mit ihnen machen? Wird man den Schmerz aushalten?

Auf der Intensivstation wurde klar, dass es für Herrn B. keine Rettung gab. Er würde in den nächsten Tagen sterben. Diese Information gaben die Ärzte an die Familie weiter. Beim Zusammentreffen mit der Ehefrau, sagte sie immer wieder, dass sie große Angst vor dem Moment habe, an dem ihr Mann aufhört zu atmen. Sie war der festen Überzeugung, dass sie dann durchdrehen würde. Ihre Angst war, dass sie durch den Schmerz des Todes ihres Mannes verrückt werden würde. Einige Tage später starb Herr B. Die gesamte Familie war anwesend. Nach dem letzten Herzschlag von Herrn B. sagte seine Frau: „Ich bin so ruhig und so leer."

Der Tod eines Angehörigen versetzt den Hinterbliebenen in einen Ausnahmezustand. Wie er reagieren wird, lässt sich nicht voraussagen. Es macht daher wenig Sinn, als Begleiter bei vorauseilender Trauer sich auf irgend etwas einzustellen. Es macht jedoch Sinn, für alle Möglichkeiten offen zu sein.

Der Tod versetzt Hinterbliebene in einen Ausnahmezustand. Es sind darin alle Reaktionen möglich. Sie alle sollten Respekt erfahren.

3.1.3 Das Trauerjahr

Immer wieder wird vom Trauerjahr gesprochen. Der Volksmund kennt es. In der Liturgie wird das sogenannte „Jahrgedächtnis" begangen. Die Fachliteratur benennt es. Das Trauerjahr hat für die Hinterbliebenen eine sehr wichtige Funktion: Sie durchleben erstmals den Kreislauf eines Jahres mit allen seinen kirchlichen und weltlichen Festen ohne den Verstorbenen. So haben diese Tage, in der jeweiligen Situation der Trauer, ihre eigene Bedeutung.

Tag	Bedeutung
errechneter Geburtstermin	Wenn eine Frau schwanger ist, spielt kaum ein anderes Datum eine so große Rolle wie der errechnete Geburtstermin. Wenn ein Kind während der Schwangerschaft stirbt, steht dieser Termin, ohne das erhoffte Kind, noch im Raum. Wie soll man den Tag erleben, der als großer Freudentag bislang im Kalender stand?
Geburtstag des Verstorbenen	Jährlich feierte man mit dem noch Lebenden dessen Geburtstag und freute sich anlässlich dieses Tages. Besonders hart ist es, wenn in das Trauerjahr ein besonderer Geburtstag fällt, wie z. B. der 18., 20., 30., ... Wie soll dieser Tag nun begangen werden?
Hochzeitstermin des Partners	Jährlich feierte man mit dem Ehepartner den Tag der Hochzeit. Man war immer wieder aufs neue froh und dankbar, dass man sich gefunden hatte. Besonders hart ist es, wenn in das Trauerjahr ein Ehejubiläum fällt, wie z. B. 10., 20., 25., 30., ... Was soll man mit diesem Tag nun anfangen?
Bestattung	Die Bestattung stellt eine wichtige Station im Trauerprozess dar. Der Leichnam des Verstorbenen wird den Lebenden damit genommen. Sie haben jedoch mit dem Grab einen Ort der Trauer, wo sie dem Verstorbenen nahe sein können.
„Sechs-Wochen-Amt" „2. Sterbeamt"	Die katholische Kirche kennt das sogenannte „Sechs-Wochen-Amt". Dabei wird sechs Wochen nach dem Tod in einer Messe des Verstorbenen gedacht. In einigen Gegenden wird dieses „2. Sterbeamt", wie es dort genannt wird, 8 bis 14 Tage nach der Bestattung gefeiert. Damit werden Hinterbliebene nach der Bestattung nicht abrupt fallen gelassen, sondern erleben noch ein Aufgefangen-werden.
Karfreitag	„Mein Gott, warum hast du mich verlassen?" Diese letzten Worte Jesu am Kreuz stehen über diesem Tag. Am Todestag Jesu, dessen die Christenheit am Karfreitag gedenkt, kommt der eigene Verlust wieder hoch. Wird dieser Tag den Hinterbliebenen nicht erst recht in die Trauer hinunterreißen?

Ostern	An Ostern feiern Christen das Fest, dass nicht der Tod das letzte Wort hat, sondern das Leben, dass auch sie nicht im Tod bleiben, sondern von Gott zum ewigen Leben auferweckt werden. Kann man anhand des schmerzlichen Verlustes Ostern feiern?
Christi-Himmelfahrt	Die Himmelfahrt Christi stellt für Christen ein Zeichen der Hoffnung dar, dass auch sie in den Himmel aufgenommen werden.
Marien-Himmelfahrt	Christen, die zu Maria eine besondere Beziehung haben, besitzen zur Himmelfahrt Mariens einen ähnlichen Bezug wie zur Himmelfahrt Christi. Für sie ist dieser Tag oft ein Zeichen der Hoffnung, dass sie ihren Verstorbenen im Himmel wieder treffen.
Weihnachten	Das Geburtsfest Jesu stellt seit je ein besonderes Fest im Laufe eines Jahres dar. Man war es gewohnt, dass man an diesem Festtag als Familie zusammenkam. Diese Familie ist nun zerrissen. Ein Familienmitglied fehlt. Wie kann man das nur an diesem Tag aushalten?
„Jahres-Amt"	Die katholische Kirche kennt ein Jahr nach dem Tod des Verstorbenen das sogenannte „Jahres-Amt". Wie schon beim Sechs-Wochen-Amt wird auch hier des Verstorbenen in einer Messe gedacht.
Jahrestag	Der Todestag des Verstorbenen jährt sich. Das Trauerjahr ist um. Nun hat man alle wichtigen Stationen eines Trauerjahres durchlebt. Es fehlt nur noch der Jahrestag. Wie wird es einem dabei gehen?

Diese Auflistung stellt nur einige der Tage dar, vor denen sich Hinterbliebene meist fürchten. Es ist vor allem die quälende Frage, wie man diesen Tag erleben wird, was dieser Tag mit einem macht und wie man umgekehrt diesen Tag begehen kann.

Nach durchlebtem Trauerjahr weiß man, wie sich diese Tage ohne den Verstorbenen anfühlen. Sie stehen nicht mehr so bedrohlich vor einem. Die Trauer selbst ist aber nach einem durchlebten Trauerjahr nicht zu Ende. Sie ist auch nicht nach zwei oder 20 Trauerjahren vorbei. Die Trauer um einen geliebten Menschen bleibt lebenslang, sie wandelt sich nur.

3.1.4 Trauerzeit

Hatte das Trauerjahr früher noch eine feste Größe und war es gesellschaftlich allgemein anerkannt, wurde es geachtet und dem Hinterbliebenen eine Schonfrist eingeräumt, so entsteht heute häufig der Eindruck, dass es auf wenige Tage bis zum Tag der Bestattung zusammengeschrumpft ist. Kaum ist der Verstorbene bestattet, soll der Hinterbliebene in unserer Arbeitswelt 100% Leistung bringen. Vermag er jedoch aufgrund seiner Trauer nur 80% zu bringen, so wird ihm zuweilen angeraten, zu einem Psychologen zu gehen oder sich krank schreiben zu lassen.

Auch vom sozialen Umfeld wird der Hinterbliebene noch bis zur Bestattung gefragt, wie es ihm gehe. Mit dem Tag der Bestattung ist es häufig mit der Anteilnahme und den Beileidsbekundungen vorbei. Hinterbliebene fühlen sich dadurch oft fallen gelassen.

Trauerarbeit?

Es gibt zwei grundsätzliche Umgangsformen mit der Trauer. Man kann sie verdrängen oder zulassen. Wenn man versucht, Trauer zu verdrängen, kommt sie immer wieder hoch, bis hin zur Form von psychosomatischen Erkrankungen.

Für die Entscheidung, die Trauer zuzulassen und aufzuarbeiten, können verschiedene Möglichkeiten und Wege begangen werden. Einige hiervon sind:

Ausweinen

Sich mal ausweinen, kann sehr hilfreich sein. Bedeutet doch weinen, dass die Trauer zugelassen wird. Oft ist das Ausweinen wie das Öffnen der Tür zur eigentlichen Trauerarbeit.

Aussprechen

Sich aussprechen ist die domestizierte Form der antiken Klage. Der Trauernde teilt seine Trauer mit und teilt sie damit mit dem Begleiter. Auf diesem Wege wird es ihm leichter.

Tagebuch schreiben

Ein Tagebuch ist ein geduldiger „Zuhörer". Es nimmt alles kritiklos auf und behält es für sich. Darüber hinaus vergisst es kein Wort, selbst nach Jahren nicht. Somit ist es möglich, nach Monaten und Jahren den inzwischen zurückgelegten Weg der Trauer zu erkennen, indem die ersten Einträge gelesen und sich der Gefühle erinnert wird.

Sich verwöhnen

Sich bewusst etwas Gutes zu tun, sich zu verwöhnen, es sich gut gehen zu lassen, ist wie Balsam auf die Wunde des Herzens. Ist doch Trauer ein schmerzliches Gefühl, so sehnt sich der Mensch besonders im Leid danach, auch mal wieder glückliche Zeiten erleben zu können. Auch wenn diese nur kurz sind, so sind diese Zeiten wie das Luftholen beim Tauchen.

Kreativität

Trauer kann als Antriebskraft für Kreativität genutzt werden. Besonders im künstlerischen Bereich gibt es zahlreiche Beispiele, wie Künstler ihr erfahrenes Leid kreativ umgesetzt haben. Auch im gesellschaftlichen Bereich gibt es derartige Beispiele.

Glaube und Religion

Der Glaube, dass der Verstorbene bei Gott ist und es ihm dort an nichts fehlt, kann sehr tröstlich sein.

Der Glaube, dass das erfahrene Leid einen Sinn hat bzw. erhalten kann, auch wenn man ihn noch nicht erkennt, Gott aber darum weiß, kann tröstend wirken.

Der Glaube kann den Leidenden dazu befähigen, sich nicht ständig an dem Leid zu reiben, sondern davon zu lassen und das Leid als unveränderlich zu akzeptieren.

Jeder Mensch entwickelt im Laufe seines Lebens seine ihm eigenen Mechanismen, um mit Leid umzugehen. Einige Menschen verfügen über nur einen dieser Mechanismen, andere über mehrere. Entscheidend ist, dass der Leidende zumindest einen dieser Mechanismen anwendet, die ihm gut tun. Auch wenn er über einen anderen Weg schneller zum Ziel kommen könnte, so muss der Begleiter den Leidenden dennoch seinen eigenen Weg gehen lassen. Es kann sein, dass der Leidende den kürzeren Weg aus irgendeinem Grunde nicht gehen kann. Daher ist es wichtig, dem Leidenden die Möglichkeiten der Wege aufzuzeigen, ihm aber die Wahl der Wege selbst zu überlassen.

3.2 Über das Trösten

3.2.1 Hinabsteigen in die Tiefe des Leids

„Er befindet sich in einem tiefen Loch" ist immer wieder zu hören, wenn ein Mensch leidet. Das Hoch der Lebensfreude ist dahin. Wenn das Leid völlig unerwartet und plötzlich zugeschlagen hat, fühlen sich Leidende wie abgestürzt. Das jähe Leid riss ihnen gleichsam den Boden unter den Füßen weg. Manchmal wird selbst Tage später von den Leidenden erzählt, dass sie sich noch immer wie im freien Fall fühlen. Sie finden noch immer keinen Halt, sie sind immer noch nicht unten angekommen. Sie haben das Gefühl, als würden sie endlos fallen.

Als Begleiter ist es wichtig, nicht einfach über diese Tiefe des Leids hinwegzugehen, sondern in die Tiefe dieses Leids hinabzusteigen. Um dies tun zu können, muss man das Leid verstehen, muss erst zuhören, was den anderen da quält. Jeder Satz über das Leid stellt gleichsam eine Sprosse dar, auf der Begleiter in die Tiefe des Leids hinabsteigen können. Erst wenn sie das Leid in seinem ganzen Umfang erfassen, sind sie unten im Leid angekommen, sind sie mit dem Leidenden auf Augenhöhe.

Man muss aber nicht jedes Leid selbst erfahren haben, um den Leidenden zu verstehen. Ich muss nicht Krebs haben, um die Mattheit eines Krebskranken zu verstehen. Ich kann jedoch an meine eigenen Erfahrungen mit Krankheit und Schmerzen anknüpfen. Aus der Erinnerung an die emotionale Kraftlosigkeit, die ich dabei erlebte, sodass mir schon ein „Guten Morgen" zu viel war und ich niemanden sehen wollte, kann ich einem Krebskranken vielleicht nachfühlen, wie er sich gerade fühlt. Um mir sicher zu sein, muss ich ihm sagen, was ich in den Tagen meiner Krankheit erlebt habe. Erst mit der Rückmeldung, dass sich der Krebskranke momentan ähnlich fühlt, habe ich seinen Zustand verstanden, bin mit ihm auf Augenhöhe.

Ich habe jedoch damit nicht die Gesamtsituation des Krebspatienten verstanden, sondern nur seine Kraftlosigkeit. Was den Krebspatienten sonst noch beschäftigt und quält, das kann ich auch nur verstehen, wenn es thematisiert wird und ich auf allen Gebieten eigene Erfahrungen aufweisen kann, die der Situation des Krebspatienten entsprechen. Dann erst vermag ich zu sagen, dass ich den Krebspatienten in seiner Situation verstehe.

Daneben gibt es auch Leid, das ich nie verstehen werde, solange ich es nicht selbst erlebt habe. In den Jahren 2003 bis 2008 führte ich per Internet unter verwaisten Eltern Umfragen durch. Dabei erstellte ich über 100 Fragebögen. Ich hätte mir im Jahre 2003 nie vorstellen können, dass zu einem Thema so viele Fragen gestellt werden können. Bei den Umfragen nahmen über 800 verwaiste Eltern teil. Obwohl ich mir durch die rege Teilnahme an der Umfrage und die zahlreichen gestellten Fragen ein breites Wissen über Stillgeburt angeeignet habe, werde ich nie verstehen, wie es sich anfühlt, um ein verstorbenes Kind zu trauern. Ich kann mir mit den eigenen Erlebnissen von Tod und Trauer sowie den Antworten aus der Umfrage ein Bild davon machen, wie es sich wohl anfühlt. Wirklich verstehen kann ich es erst, wenn ich es selbst erlebt habe. Bis dahin bleiben mir die letzten Sprossen in die Tiefe dieses Leids verschlossen.

> *Erst wenn das Leid umfassend verstanden wurde,*
> *befindet man sich auf Augenhöhe mit dem Leidenden.*

3.2.2 Mitleiden – mittrauern

Wenn Beziehungen zu Leidenden sehr eng sind, dann besteht häufig der Wunsch, dem anderen etwas Leid abzunehmen oder gar sein ganzes Leid auf sich zu nehmen. Dieser Wunsch geht zuweilen so weit, dass Eltern wünschen, an Stelle ihres Kindes gestorben zu sein, dass sich Großeltern wünschen, an Stelle ihres Enkelkindes gestorben zu sein.

Es macht uns so hilflos, wenn wir einen anderen im Leid sehen und wir persönlich ihm nichts von diesem Leid abnehmen können. Dies trifft in besonderer Weise zu, wenn Patienten auf der Intensivstation liegen. Aber auch „nur" ein gebrochenes Bein oder ein gebrochener Arm kann ähnliche Wünsche der Übernahme des Leids hervorrufen.

So groß dieser Wunsch auch ist, er ist nicht erfüllbar, noch nicht einmal ansatzweise. Der Leidende muss selbst durch dieses Leid hindurch. Es ist nur die Frage, ob er alleine durch dieses Leid geht oder ob er darin begleitet wird.

Wir können nicht für den anderen sterben,
aber wir können ihn im Sterben begleiten.
Wir können nicht für den anderen krank sein,
aber wir können ihn in seiner Krankheit begleiten.
Wir können nicht für den anderen trauern,
aber wir können den Trauernden begleiten.
Wir können nicht für den anderen leiden,
aber wir können den Leidenden begleiten.

Begleiten ist nicht nur einfach körperliche Anwesenheit. Begleiten ist vor allem die emotionale Nähe. Diese kann auch vorhanden sein, wenn der Begleiter tausende von Kilometern weg ist und nur einfach eine ansprechende Genesungskarte schreibt oder kurz anruft.

3.2.3 Leid erkennen

Nicht nur das Leid eines Menschen ist vielschichtig, sondern auch seine Ausdrucksweise und Erscheinungsform. Es liegt am Begleiter, ob er den Leidenden umfassend wahrnimmt oder nur selektiv. Zur umfassenden Wahrnehmung gehört der Einsatz von Gefühl und Verstand. Auf beiden Ebenen kann das Leid erfasst bzw. auch ausgeblendet werden.

Es ist Absicht, dass bei der folgenden Aufstellung das Herz vor dem Kopf genannt ist. Der Grund liegt, wie bereits gesagt, darin, dass einer Studie zufolge Menschen zu zwei Drittel darauf reagieren, *wie* jemand mit ihnen spricht, aber nur zu einem Drittel auf das, *was* gesprochen wird. Dies bedeutet, dass zwei Drittel der Kommunikation auf der Gefühlsebene erfolgen und nur ein Drittel auf der rationalen Ebene.

Mit Herz (Gefühl) Situationen erfassen und verstehen

Das eigene Gefühl

Bevor der Kontakt mit dem Leidenden erfolgt, kann schon entscheidend sein, mit welchem Gefühl ich diesem Menschen begegne. Ist bei mir Offenheit da, oder behindern mich Ängste oder gar Vorbehalte? Besitze ich echtes Interesse am Leid des Anderen oder sehe ich es als eine lästige Pflichtübung? Geht es mir um den Menschen oder um Befriedigung meiner Neugierde?

Nur wenn ich offen und ohne Vorbehalte in ein Gespräch mit dem Leidenden gehe, habe ich von meiner Seite den ersten Schritt dafür getan, dass es ein gelungenes Gespräch wird. Sollte diese Vorbedingung nicht erfüllt sein, so ist es ratsam, sich erst eine passende Haltung zuzulegen und erst danach den Leidenden zu besuchen.

Der Händedruck

Schon der Händedruck kann vieles ausdrücken. Er kann kraftvoll sein, aber auch schlapp. Die Finger können eisig sein oder wohlig warm. Der Händedruck kann schnell gelöst werden oder auch während des ganzen Gesprächs mit unverminderter Stärke andauern. Es kann der Leidende die Hand zum Gruß schon von Weitem entgegenstrecken, es kann auch die zum Gruß angebotene Hand vom Leidenden verweigert werden.

Der Klang der Stimme

Bereits der Klang der Stimme vermittelt uns ein bestimmtes Gefühl. Dies kommt daher, weil wir mit Menschen einer ähnlichen Stimme bestimmte Erfahrungen gemacht haben. Diese Erinnerungen sind uns nicht immer bewusst. Meist wissen wir nur den Klang der Stimme zu deuten.

Ähnlich vermittelt uns der Klang der Stimme des Leidenden ein bestimmtes Gefühl. Nur wenn es Beachtung findet, kann es angesprochen werden. Nur wenn es angesprochen wird, kann es eine wichtige Tür zum Verständnis des Leids öffnen.

Durch das Gespräch erzeugte Gefühle
Beim Gespräch können rasch Gefühle geweckt werden. Wenige Worte genügen, um den Eindruck zu erwecken, dass der Leidende jetzt müde und schwach ist oder in Ruhe gelassen werden möchte. Dieser durch das Gespräch geweckte Eindruck sollte angesprochen werden, damit der Leidende die Möglichkeit erhält, diesen Eindruck zu bestätigen oder zu korrigieren.

Auch längere Gespräche können noch Gefühle wecken. So kann z. B. erst nach einem längeren Gespräch die Komplexität oder Tiefe des Leids verstanden werden. Auch hier ist es wichtig, das geweckte Gefühl zu benennen. Dies kann eine wichtige Hilfe im Fortgang des Gesprächs werden.

Mit dem Kopf (Verstand) erkennen und verstehen

Die medizinische Behandlung
Noch bevor das erste Wort gesprochen oder die Hand gereicht wird, können einige Fakten der Situation erfasst werden. So hat der Patient z. B. eine Infusion und/oder eine Chemotherapie anhängen, ihm ist eine Magensonde gelegt, er atmet durch eine Sauerstoffmaske, ihm ist Arm und/oder Bein eingegipst ... Auch als medizinischer Laie kann man das erkennen.

Diese medizinischen Maßnahmen geben Hinweise auf die Situation des Kranken. Auch hier gilt es, diese Hinweise richtig zu deuten:

Es empfiehlt sich, zur Abklärung die eigene Wahrnehmung zurückzumelden und vom Leidenden absichern zu lassen, ob diese stimmt.

Die Körperhaltung
Wie die medizinische Behandlung, gibt meist auch die Körperhaltung einen wichtigen Hinweis auf das Leid. Eine gebeugte Körperhaltung zeugt von physischer oder psychischer Kraftlosigkeit. Immer wieder zufallende Augen zeugen von starker Müdigkeit. Ein verkrampfter Körper weist auf Schmerzen oder einen Anfall hin, z. B. bei Epilepsie.

Das gesprochene Wort
Die gesprochenen Worte sollten gehört und verstanden werden. Ist irgend etwas unklar, sollte nachgefragt werden, um den Leidenden nicht misszuverstehen.

Die Wortwahl
Die Wortwahl gibt oft einen tiefen Aufschluss über den Menschen, nicht nur den Leidenden. Wer sich gewählt ausdrückt, scheint Bildung genossen zu haben. Wer die Gossensprache benutzt, kommt entweder aus sozial schwachen Gesellschaftsschichten oder ist unbeherrscht.

Wir sprechen von ganzheitlicher Wahrnehmung, wenn das Gegenüber mit Herz und Verstand wahrgenommen wird.

3.2.4 Der Deal – Eigenverantwortung stärken

Bei Leidenden geht es nicht immer nur um Themen, die öffentlich besprochen werden können. Mitunter ist das Leid etwas, wessen man sich schämt, was einem peinlich ist. Bei Themen wie Vergewaltigung haben die Leidenden keine vergleichbaren Erfahrungen. Zudem sind sie traumatisiert. Ihnen fehlt es daher an Worten, sich auszudrücken. Leidende brauchen dann Zeit, um die Worte zu finden.

Auch in solchen Fällen ist es unabdingbar, dass Fragen gestellt werden. Ob nun Fragen der Anteilnahme oder Verständnisfragen, der Begleiter sollte behutsam mit dem Leidenden umgehen. Schnell ist eine Frage gestellt, die für den Leidenden eine Grenzverletzung darstellt. Diese gilt es zu vermeiden. Das Problem in dieser Situation als Begleiter ist die Frage, wo dieser konkrete Leidende seine Grenze hat. Die Grenze eines anderen Leidenden mit einem ähnlichen Schicksal kann hierbei zwar als grobe Orientierung, jedoch nicht als Maßstab genommen werden.

Ich weiß nicht mehr, um was es ging. Waren es Eheproblem oder SSA, war es Ehebruch, Suizidversuch oder sonst ein Thema, was einen Menschen sehr persönlich berührt. Ich kann mich nur noch daran erinnern, dass ich mir ständig die Frage stellte, ob ich meinem Gegenüber diese Frage zumuten könne. Irgendwann hatte ich es satt, ständig auf das Wohlergehen des Gegenübers zu achten. Ich sagte zu ihm: „Ich will mit ihnen ein Geschäft abschließen. Ich will, dass Sie bei all den Fragen, die ich ihnen stelle, darauf achten, dass es ihnen gut geht. Wenn sie eine meiner Fragen nicht beantworten wollen, dann sagen sie es mir einfach. Sie brauchen es mir nicht zu begründen und ich werde mir dabei nichts denken Dann ist es für mich leichter, mich ganz auf das Gespräch zu konzentrieren." Mein Gegenüber ließ sich auf dieses „Geschäft" ein. Ich musste nicht ständig überlegen, ob ich diese oder jene Frage stellen kann, ob sie diesem Leidenden zumutbar sei. Ich hatte diese Verantwortung an den Leidenden abgegeben und den Leidenden in seiner Selbstverantwortung gestärkt. Er wusste, dass er auch „Nein" sagen darf, dass er nicht verpflichtet ist, jede von mir gestellte Frage zu beantworten.

Im weiteren Verlauf des Gesprächs beantwortete der Leidende alle von mir gestellten Fragen. Keine war ihm zu peinlich oder zu persönlich. Nach dieser guten Erfahrung schloss ich bei anderen heiklen Gesprächen wieder dieses „Geschäft" ab. Auch dort registrierte ich, dass mir nie ein Leidender ein „Stop" gegeben hat.

Aus heutiger Sicht mag diese Offenheit des Leidenden daran liegen, dass er mit diesem „Deal" nicht nur um seine Eigenverantwortung weiß, sondern damit auch das Vertrauensverhältnis sehr gestärkt wurde. Der Leidende weiß damit, dass ich ihm mit meinen Fragen nicht zu nahe treten, ihm nicht schaden will.

Besonders bei sehr persönlichen Themen ist es sinnvoll, dass dem Leidenden die Eigenverantwortung um sein Wohlbefinden bewusst wird. Er soll darauf achten, dass es ihm während des gesamten Gesprächs gut geht.

Dieser „Deal" darf als ein erster Schritt angesehen werden, dass der Leidende wieder beginnt, für sein Leben Verantwortung zu übernehmen. Besonders bei sehr großem Leid fühlt der Leidende nur noch Schmerz. Er ist von ihm völlig ausgefüllt und handlungsunfähig. Durch diesen „Deal" wird dem Leidenden die Hand gereicht, dass er zumindest in diesem Gespräch darauf achtet, dass es ihm gut geht.

Gleichzeitig ist dies eine nicht ausgesprochene Einladung, auch in anderen Bereichen seines Lebens darauf zu achten, dass es ihm gut geht. Damit hat dieser „Deal" eine Langzeitwirkung, die weit über das geführte Gespräch hinaus geht.

Wenn der Leidende selbst darauf achtet, dass es ihm gut geht, entlastet dies nicht nur den Begleiter, sondern führt den Leidenden auch über das geführte Gespräch hinaus zur Übernahme der Eigenverantwortung.

3.2.5 Umgang mit Hoffnung

„Die Hoffnung stirbt zuletzt", so sagt der Volksmund. Damit wird ausgedrückt, dass die Hoffnung eine Kraftquelle und ein Halt bis zuletzt sein kann. Dieses „zuletzt" kann sogar der Zeitpunkt sein, an dem die Realität die Fakten geschaffen hat, vor denen sich selbst der Leidende nicht mehr verschließen kann.

Petra Thorbrietz beschreibt in einem Artikel in Chrismon 10/2005 sehr eindrucksvoll, wie sie ihren Mann beim Sterben begleitet: Janos Thorbrietz hatte Krebs. Er wurde entsprechend behandelt, doch dann erkannten die Ärzte, dass es für ihn keine Hoffnung gab. Es war nur noch eine Frage der Zeit, bis er an den Folgen des Krebses sterben würde. Dies teilten sie dem Paar in offener Weise mit. Dieses wollte jedoch die Realität nicht anerkennen. Sie hofften gemeinsam gegen alle Hoffnungslosigkeit. Janos Thorbrietz erbat von der Medizin alle mögliche Hilfe und Unterstützung. Hoffnungsvoll stand er alle Therapien durch, und waren sie für ihn auch noch so beschwerlich. Seine Frau Petra unterstützte ihn dabei, so gut sie es vermochte. So schreibt sie: „Es ist schwer, sich auf das Sterben vorzubereiten, wenn man mit dem Überleben beschäftigt ist."
Von Freunden und Bekannten bekam Petra Thorbrietz zu hören: „Akzeptiere doch, dass er sterben wird. Quäl ihn nicht mit irgendwelchen Therapien, sondern macht euch noch eine schöne Zeit." Ein junger Assistenzarzt der Palliativstation, auf die Janos Thorbrietz verlegt wurde, sagte: „Manchmal ist es besser aufzugeben." Petra Thorbrietz fühlte sich „einsam und verraten".
„Den Tod akzeptieren. Wie kann man das, wenn man liebt?", so schreibt sie. Ihr Mann Janos meinte später am Telefon: „Hör nicht auf die anderen, sie verstehen uns nicht." Damit war die Situation des Ehepaares

Thorbrietz treffend beschrieben: Niemand verstand sie. Sie beide waren mit ihrer Hoffnung alleine. Niemand war da, der ihre Hoffnung mit ihnen teilte und sie auf diesem Weg der Krankheit begleitete.

Von den Behandlungen völlig erschöpft, sagte Janos Thorbrietz zu den Ärzten: „Ich will gesund werden, ich tue alles, was Sie sagen." Vor Erschöpfung fielen ihm daraufhin gleich die Augen zu. Fünf Tage später starb er.

Petra Thorbrietz endet ihren Artikel mit den Worten: „Janos hatte so große, unstillbare Schmerzen, dass ihm nicht nur die Mediziner, sondern auch viele unserer Freunde gewünscht haben, schnell zu sterben. Ich nicht. Ich habe wider jede Vernunft auf ein Wunder gehofft, und es ist passiert, wenn auch anders als gedacht. Er wachte eines Nachts aus der Schlafnarkose auf und schenkte mir einen zärtlichen Abschied, wie ich ihn nie beschreiben könnte. Es gibt Dinge, die sind einfach stärker als der Tod."

Hoffnungen sollen nicht zerstört werden, wenn die Menschen an ihnen festhalten wollen. Das Beispiel von Petra und Janos Thorbrietz zeigt sehr deutlich, wie einsam und allein ein Leidender werden kann, wenn niemand mit ihm hofft. Damit ist neues Leid für ihn geschaffen.

Es hat daher Sinn, gegen besseres Wissen den Angehörigen auch in seiner ganzen Hoffnung, die er noch hat, zu begleiten. Diese Hoffnung ist für ihn der Strohhalm, an den er sich klammert. Er macht für ihn die Situation erträglich. Daher sollte ihm die Hoffnung nicht genommen werden, wenn er sich daran festhalten will. Somit fühlt sich der Leidende auch in hoffnungslosen Situationen nicht alleine.

Begleitung bedeutet, auch einen Weg mitzugehen, den man in diesem Falle selbst nicht gehen würde.

Die fünf Stufen des Tröstens

Umfassender Trost erfolgt immer in fünf Stufen. Wer sich nicht an diese Regel des Ablaufs hält, wird nicht umfassend trösten können. Die Reihenfolge dieser fünf Stufen ist festgelegt. Eine Stufe baut auf die andere auf.

S i n n g e b u n g
Z u s p r u c h
A n t e i l n a h m e
V e r s t ä n d n i s
K o n t a k t a u f n a h m e

Wird auf einer Stufe ein Fehler begangen, zieht er Folgen für die nächsten Stufen nach sich. Diese können selten wieder behoben werden. Daher soll nachfolgend ausführlich auf diese fünf Stufen des Tröstens eingegangen werden. Da die mit Abstand wichtigsten Stufen die des Verstehens und der Anteilnahme sind, werden diese Stufen am ausführlichsten behandelt.

Bei den fünf Stufen des Tröstens handelt es sich nicht um in sich abgeschlossene Zeitfenster. So reichen die Zeiten der Kontaktaufnahme und des Zuspruches in die der Anteilnahme hinein.

Die fünf Stufen lassen sich auch etwas anders benennen:

1. Zuwendung   Kontaktaufnahme   – im Gegensatz zur Abwendung
2. Zuhören   Verstehen   – im Gegensatz zum Überhören
3. Anteilnahme   – im Gegensatz zum Übergehen/Negieren
4. Zuspruch   – im Gegensatz zu Vertröstungen
4. Sinngebung   – im Gegensatz zur Sinnlosigkeit

4.1 Kontaktaufnahme

Wer keinen Kontakt zum Leidenden aufbaut, dessen Worte und Handlungen werden den Leidenden nie erreichen. Ohne Kontaktaufnahme kann kein Trost erfolgen.

Bei lang anhaltendem Leid ist die Aufrechterhaltung des Kontakts unerlässlich, um trösten zu können. Wer diese Kontaktpflege vernachlässigt, entzieht dem Trösten die Grundlage. Gerade bei langjährigem Leiden (z. B. Trauer, unheilbare Krankheit) kann oft schon allein diese Kontaktpflege tröstend wirken.

Die Kontaktaufnahme ist nicht mit dem Gruß beendet. Sie geht daher auch nicht nach der Frage „Wie geht es dir?" nahtlos in die Anteilnahme über. Kontaktaufnahme bedeutet, über den formalen Gruß hinaus eine Situation zu schaffen, in der der Begleiter dem Leidenden zuhören kann. Besonders bei frischem und/oder schwerem Leid besitzt der Leidende ein meist sehr großes Gesprächsbedürfnis. Er möchte das, woran er leidet, einem anderen Menschen mitteilen, damit dieser an seinem Leid mitträgt. Er möchte in seinem Leid nicht alleine sein. Erst wenn er dieses primäre Gesprächsbedürfnis gestillt hat, wenn er sich verstanden fühlt, erst dann ist der Leidende in der Lage, wirklich zuzuhören. Daher reicht die Zeit der Kontaktaufnahme weit in die Zeit der Anteilnahme hinein.

4.2 Das Leid verstehen

Wenn sich der Leidende verstanden fühlt, erfolgt Trost. Fühlt er sich hingegen unverstanden, ist Trost nahezu unmöglich. Daher ist das Verstehen des Leids so wichtig.

Nicht immer ist das Leid so offensichtlich, wie bei einem Unfall, wenn körperliche Verletzungen sichtbar sind. Doch selbst da: Was verstehen wir Gesunden vom Leben eines Menschen, wenn er z.B.

eine Beinprothese hat? Wissen wir, wie schwer er eine Leiter hoch steigt? Wissen wir etwas davon, dass er deswegen sein Hobby Bergwandern auf Zwei- und Dreitausender aufgeben musste?

> *Wer einen Leidenden nicht versteht, kann nicht trösten.*

4.2.1 Das Leid anhören

Um Leid verstehen zu können, muss aufmerksames Zuhören erfolgen. Wirkliches Verstehen erfolgt in etwa zu fünf Teilen Zuhören und zu einem Teil Sprechen. Hierbei handelt es sich meistens um irgendwelche Formen der Rückmeldung. Der Leidende soll wissen, was beim Begleiter ankommt und wie dieser dazu steht. Erst wenn der Begleiter das Leid in seiner Gänze versteht, kann sich der Leidende verstanden fühlen. Erst dann ist er für Anteilnahme und Zuspruch offen.

Nur durch aufmerksames Zuhören kann ein Begleiter erfahren, worin der Schmerz des Leidenden liegt und was ihn am meisten plagt. Daher gehört Zuhören zum wichtigsten Hilfsmittel des Tröstens. Dies belegen Studien unter verwaisten Müttern, deren Kind während der Schwangerschaft starb. Von ihnen wurde vor allen anderen Aktivitäten Zuhören am häufigsten als tröstend empfunden.

> *Zuhörer bringen Licht in die Finsternis der Leidenden.*

4.2.2 Rückmeldung geben

Aktives Zuhören bedeutet nicht, stumm dazusitzen und alles in sich aufzunehmen. Aktives Zuhören bedeutet, dass auch immer wieder Rückmeldungen zu dem Gehörten erfolgen. Dies kann auf fünf Weisen erfolgen.

Impulse geben

Impulse können genügen, dass der Betroffene weiter sein Leid ausbreitet. Es sind dies Worte wie: „Ja." „Nein!" „Verstehe." „So?" „Wie?" oder auch nur das „Mhm".

Kurze Sätze

Kurze Sätze können Rückfragen sein, aber auch kurze Aussagen, die den Leidenden dazu ermutigen, weiter zu erzählen. Dazu gehören: „Das ist schrecklich!" „Das tut mir Leid."

Verständnisfragen

Manchmal ist es notwendig, sich zu vergewissern, ob man das Gehörte richtig verstanden hat. Dies sind Fragen wie: „Wie war das für dich?" „Wie kam es dazu?" „Habe ich richtig verstanden, dass ...?"

Impulshafte Selbstmitteilungen

Selbstmitteilungen sollten beim Verstehen nur den Charakter eines Impulses haben, wie etwa: „Das verstehe ich nicht." „Darüber habe ich mir nie Gedanken gemacht." „Das stelle ich mir schrecklich vor." „Davon wusste ich nichts."

Zusammenfassungen

Zusammenfassungen spiegeln dem Leidenden zurück, was der Begleiter von dem Gehörten verstanden hat. Damit weiß der Leidende, was beim Begleiter angekommen ist.

Stilles Zuhören ohne Rückmeldung ist wirkungslos.

4.2.3 Das Unbegreifbare begreifen

Wem ein geliebter Mensch gestorben ist, kann verstehen, was in einem Trauernden vorgeht. Er weiß um das Gefühl der Trauer und des Schmerzes. Er kann dem Trauernden sagen, wie es damals bei ihm war, wie er sich gefühlt hat, was ihm geholfen hat.

Wie ist es jedoch mit den zahlreichen Leiden, die man selbst noch nicht erlebte und denen man sich nun gegenüber sieht? Muss man hier passen? Muss man jemanden schicken, der ähnliches erlebt hatte?

Ich fragte einen verwaisten Vater, dessen Kind während der Schwangerschaft seiner Frau verstarb, wie man den Menschen, die solches noch nicht erlebt hatten, vermitteln kann, wie das ist, sein

Kind zu verlieren. Der Vater antwortete mir sehr deutlich und bildhaft: „Wie wollen sie einem Blinden die Farben Rot, Grün und Blau erklären? Wie wollen sie einem Tauben Mozarts kleine Nachtmusik oder Beethovens Symphonien vermitteln? Ähnlich können sie auch den anderen Menschen nicht verständlich machen, was wir verwaiste Eltern empfinden, wenn uns ein Kind gestorben ist."

Hierbei können eigene Erfahrungen (Todesfälle in der eigenen Familie) oder Metaphern weiterhelfen. Bei verwaisten Eltern verwende ich gerne die Metapher einer Seifenblase: Die Eltern stellten sich während ihrer Schwangerschaft die Zukunft mit ihrem Kind in den schillerndsten Farben vor. Da kommt plötzlich die Nachricht vom Tod des Kindes. Wie eine Seifenblase zerplatzt, aus der Traum. In der Metapher ist es nur die geplatzte Seifenblase, in der Realität ist es das Kind der Eltern, das gestorben ist.

Selbstoffenbarungen und Metaphern
können Brücken im Verstehen des Leids sein.

4.2.4 Das Entlastende am aufmerksamen Zuhören

Besonders in Situationen, in denen ein Begleiter sich hilflos vorkommt und nicht weiß, was er hier sagen soll, entlastet dieses Wissen um die tröstende Wirkung des Zuhörens ungemein. Es nimmt den Druck, immer etwas sagen zu müssen. Auch entschärft es die Gefahr, dass der Begleiter zu viel sagt oder gar etwas Falsches sagt.

Wenn der Begleiter sich auf die innere Haltung zurückzieht, dass er einfach nur zuhört, um das Leid zu verstehen, ist ihm ein großer Druck genommen. Er muss nicht nach einer Lösung suchen oder nach einer hilfreichen Antwort. Er darf sich den Luxus leisten, einfach nur zuzuhören und zu verstehen. Wenn sich der Leidende am Ende dadurch in seinem Leid verstanden fühlt, hat er schon viel erreicht und Trost gespendet.

Aufmerksames Zuhören, um zu verstehen,
ist für den Begleiter sehr entlastend.

4.2.5 Das Leid anerkennen

Viele Menschen verfallen in den Fehler, dass sie zwar den Leidenden nach seinem Befinden fragen, doch dann schwächen sie seine Worte ab oder wischen sie gar weg. Sie lassen das Leid nicht in seiner ganzen Härte bestehen. Dies belastet den Leidenden zusätzlich. Leid muss, wie es ausgedrückt wurde, in seiner ganzen Größe stehen bleiben dürfen. Es darf nicht abgeschwächt, verkleinert oder gar negiert werden. Leid muss anerkannt werden.

Wer das Leid schmälert, schmälert die Wirkung des Trostes.

4.3 Anteilnahme

4.3.1 Ehrlich sein

Echt zu sein ist die große Grundregel des Tröstens. Wer die „Methoden" der Anteilnahme nur als Werkzeug einsetzt, selbst jedoch kein Interesse am Leid des anderen oder am Trösten hat, wird meist schnell entlarvt. Leidende besitzen oft ein sehr großes Feingefühl, ob der Begleiter echt ist. Wenn der Leidende erkennt, dass hier nur eine Technik angewandt, Interesse nur gespielt wird, kann der Versuch des Tröstens beim Leidenden Aggression und Wut auslösen.

Wer echt ist und beim Versuch des Tröstens mal daneben greift, dem wird dieser Fehlgriff häufig verziehen. Vorgespieltes Theater wird jedoch nicht verziehen. Daher ist es beim Trösten unabdingbar, echt zu sein.

Echt zu sein ist die große Forderung bei allen Versuchen zu trösten.

4.3.2 Anteilnahme zeigen

Anteilnahme ist ein schmerzlicher Weg. Der Begleiter übernimmt dabei einen Teil des Leids und macht es zu seinem eigenen. Er spürt etwas von dem Schmerz, den der Leidende empfindet.

Er sollte den Leidenden unbedingt wissen lassen, was dessen Leid mit ihm macht, was es bei ihm auslöst. Erst durch Rückmeldung kann er seine Anteilnahme deutlich machen. Daher ist es wichtig, dass eigene Gefühle offen gezeigt werden.

Besonders wenn ein seit Wochen erwartetes Sterben in den nächsten Stunden ansteht, braucht der Sterbende oft nur noch wenig Zuspruch, die Angehörigen häufig um so mehr. Für den Sterbenden ist sein Weg oft klar. Alles für ihn Wichtige wurde bereits gesagt. Man muss ihn nun nur noch gehen lassen.

Trost basiert oft nicht auf schönen Worten,
Trost erfolgt vor allem durch gezeigte Anteilnahme.

4.3.3 Selbstmitteilung – Rückmeldungen geben

Selbstmitteilung bedeutet den Leidenden wissen zu lassen, was dessen Leid beim Begleiter auslöst. Diese Rückmeldung muss nicht immer verbaler Natur sein. Sie kann auch nonverbal (sprachlos) sein. Eine der ausdrucksstärksten nonverbalen Rückmeldungen ist das Weinen. Wenn dem Begleiter vor lauter Anteilnahme und Rührung Tränen in die Augen schießen, bedarf es keiner weiteren Worte. Der Leidende sieht, dass der Begleiter sich von seinem Leid berühren lässt, dass er Anteil nimmt.

Eigenes Leid mit dem Leidenden zu teilen, hat zumeist tröstenden Charakter. Dabei kann es sich darum handeln, was Sie selbst jetzt angesichts des Leids des Leidenden empfinden. Wichtig ist, das eigene Leid nur kurz zu erwähnen und dann wieder zum Leidenden zurückzukehren, denn er und sein Leid ist Thema.

Tröstend wirkt, was als Selbstmitteilung zurückgemeldet wird.

4.3.4 Gefühle zulassen

Leid selbst ist ein Gefühl, das andere Gefühle auslösen kann. Hierzu gehören Wut und Enttäuschung, Zorn und Ohnmacht, Trauer und

Hilflosigkeit, Schuld und Depression, Angst und Furcht. Gefühle kommen und gehen. Wir haben keinen Einfluss auf sie. Manchmal sind Gefühle vorhanden, die unseren rationalen Vorstellungen völlig widersprechen. Wie kann eine Witwe auf ihren verstorbenen Mann wütend sein, der sie doch geliebt, umsorgt und gepflegt hat? – Trotzdem kann sie diese Wut auf ihren Mann empfinden und muss es niemandem begründen. Gefühle sind einfach da, sie sind in sich wertneutral.

Hass, Wut und Zorn sind sehr mächtige Gefühle. In unserer mitteleuropäischen, christlich geprägten Kultur gilt es als unschicklich, solche Gefühle zu haben. Besonders im Christentum wird immer wieder die Nächstenliebe und das Vergeben groß herausgestellt.

Einfluss haben wir nicht unmittelbar auf die Gefühle, sondern darauf, wie wir mit ihnen umgehen. Der gute Umgang mit Gefühlen lässt sich lernen und einüben. Doch zunächst muss uns bewusst sein, dass wir auf die Entstehung unserer Gefühle keinen Einfluss nehmen können. Wir können sie entweder unterdrücken oder konstruktiv gut mit ihnen umgehen.

Im Umgang mit unseren Gefühlen bzw. den Gefühlen des Leidenden sollten Begleiter den Leidenden ermutigen und ihm erlauben, über seine Gefühle zu sprechen. Dies ist eine tröstliche und gesundheitsdienliche Umgangsform.

Indem der Begleiter den Leidenden darin unterstützt, über seine Gefühle zu sprechen, können auch Schuldgefühle aufgedeckt werden. Die meisten dieser Schuldgefühle sind irrational und unbegründet. Wenn sie aber nicht angesprochen und ernst genommen werden, können sie nicht aufgelöst werden.

Nur wenn Gefühle zugelassen werden und über sie gesprochen wird, können ungerechtfertigte Gefühle aufgegriffen und aufgelöst werden.

4.3.5 Weinen zulassen

Wie der Begleiter mit den Tränen eines Leidenden umgeht, hängt sehr stark davon ab, wie er/sie selbst zum Weinen steht. Menschen, denen

Weinen peinlich ist, für die es Ausdruck von Schwäche und Hilflosigkeit sowie Verlust der Selbstkontrolle darstellt, neigen dazu, ihr eigenes Weinen zu unterdrücken, zumindest in der Öffentlichkeit.

> *„Weinen schadet niemandem.*
> *Es gibt aber eine seltsame Übereinstimmung unter Erwachsenen,*
> *diese Gefühle zu unterdrücken."*
> (Prinzessin Diana)

Weinen ist Ausdruck starker Gefühle. Indem der Leidende weint, drückt er seine starken Gefühle aus, er verbirgt sie nicht mehr. Damit weiß seine ganze Umgebung, dass er leidet, dass sein Leid schwer durch Worte auszudrücken ist. Im Weinen arbeitet der Leidende sein Leid auf. Mit jeder Träne ringt er seinem Leid ein Stück ab. Wenn er sich ausgeweint hat, ist es ihm leichter.

Bei sehr großem Leid, wie beim Tod eines geliebten Menschen haben Leidende oft das Gefühl, dass sie in ihrem Tränensee zu ertrinken drohen. Einmal zum Weinen angeregt, haben sie oft den Eindruck, endlos weinen zu müssen. Wie ein Ertrinkender auf offener See, der kein Land in Sicht hat, kommen sie sich vor. Hier ist es hilfreich, wenn sie jemanden bei sich haben, der mit ihnen weint oder den sie zumindest umarmen können und der wiederum sie hält.

Jede Träne wäscht ein Stück Trauer ab.

4.3.6 Körperkontakt

Der Körperkontakt ist die ursprünglichste Form der Anteilnahme, auch die Primaten praktizieren ihn als Geste des Trostes und der Anteilnahme.

Es muss dabei nicht immer eine komplette Umarmung sein. Oft genügt schon ein Händedruck, ein kurzes Auflegen einer Hand auf die Schulter oder ein zartes Anfassen am Oberarm.

Leidende Menschen sind hochsensibel für Berührungen. Ein normaler Händedruck zum Abschied bekommt durch einen kurzen kräftigen Druck eine neue Bedeutung. Es ist ganz unscheinbar, aber höchst wirksam.

Besonders in Situationen, in denen sich der Begleiter durch eigene Betroffenheit schwer tut, wo er selbst wort- und fassungslos ist, stellt der Körperkontakt oft die einzige Möglichkeit dar, seine Anteilnahme auszudrücken.

> „Es wird wenig gesprochen, aber es gibt viel Körperkontakt – viele umarmen sich, rücken zusammen." sagte Jürgen Kiesl, Bürgermeister von Winnenden, eine Woche nach dem Amoklauf. Der 17-jährigen Tim K. hatte in der Albertville-Realschule neun Schüler und drei Lehrer erschossen, auf der Flucht drei weitere Menschen. (Badische Neueste Nachrichten 20.3.2009, S. 4)

Gefühlvoller Körperkontakt kann unterschiedliches vermitteln:
- *Umarmung*
  Bei mir darfst du dich sicher und geborgen fühlen. Mit meinem ganzen Leben beschütze ich dich vor weiterem Leid. Mit meiner ganzen Kraft gebe ich dir Halt. Bei mir darfst du dich ganz und gar fallen lassen und dich mir anvertrauen.
- *Händedruck*
  Ich halte dich fest. Ich lasse dich nicht ins Bodenlose fallen. Auf mich kannst du zählen. Ich helfe dir in deinem Leid.
- *andere kurze Berührungen*
  Ich bin dir nahe. Ich bin (auch) wortlos.

Körperkontakt ist das Fundament der Anteilnahme

4.3.7 Fragen

Es gibt verschiedene Gründe, Fragen zu stellen. So zeigen Fragen das Interesse an Person und Lebens- bzw. Leidensgeschichte. Auch wenn man nicht helfen kann, so ist alleine dieses Interesse Trost.

Fragen erschließen dem Begleiter die Welt, in der der Leidende momentan steckt. Durch Fragen erfährt er über dessen Leid Dinge, die ihm zuvor noch unbekannt waren. Dadurch lernt der Begleiter den Leidenden in seiner Situation immer besser verstehen.

Fragen öffnen die Tür zu Möglichkeiten aktiver Hilfe, wenn der Begleiter gerne helfen würde, aber nicht weiß wie. Damit weiß der Begleiter auch, dass er mit seiner Hilfe nicht daneben liegt, sondern den Wunsch des Leidenden erfüllt.

Fragen helfen dem hilflosen Begleiter weiter.

4.3.8 Klagen

Es gibt Leid, das wir Menschen nicht verstehen. Warum gibt es Krankheiten? Warum gibt es Naturkatastrophen? Warum verletzen Menschen andere Menschen?

Es gibt Leid, dem wir Menschen ohnmächtig gegenüber stehen. Besonders in diesen Formen von Leid ist es angebracht, mit dem Leidenden zu klagen, in seine Klage mit einzustimmen.

Klagen befreit aus der Ohnmacht.

Klage ist Ausdruck verspürten Schmerzes. Im Leid klagt der Leidende Gott und die Welt an. Niemand ist vor der Klage eines Leidenden sicher, weder Menschen noch Gott.

Klage nicht zuzulassen bedeutet, nicht nur nicht zu trösten, sondern den Leidenden auf seinem Weg des Heilungsprozesses zu behindern.

In orientalischen Ländern gibt es noch heute Klagefrauen, die beim Tod eines Menschen zusammen mit den Trauernden gegen Gott und die Welt klagen, ganz wie sie im Alten Testament beschrieben sind.

Leidende mit einer bislang guten Gottesbeziehung haben Angst, gegen Gott zu klagen. Wenn sie es dennoch tun, klagen sie oft mit schlechtem Gewissen. Dann ist es die Aufgabe des Begleiters, ihnen Mut zu machen, mit gutem Gewissen gegen Gott zu klagen. Sie können dabei auf zahlreiche biblische Bücher und Stellen verweisen, in denen Menschen in ihrem Leid gegen Gott geklagt haben:

– Gen 32,25–29   Jakob ringt mit Gott und wird schließlich gesegnet.

- Klagepsalmen   Der Beter klagt Gott sein Leid.
- Klagelieder   Der Beter klagt Gott sein Leid.
- Ijob   Ijob führt Klage gegen Gott.
- Mt 27,46; Mk 15,34 Jesus klagt am Kreuz über die Gottesverlassenheit.

Klagen gegen Gott ist kein Vergehen, sondern eine Gebetsform.

4.3.9 Entlasten

Unter Juden ist es noch heute üblich, dass nach einem Trauerfall in der Familie die Nachbarn für die trauernde Familie 14 Tage lang kochen. Die Trauernden müssen sich in diesen zwei Wochen nicht darum kümmern. Stattdessen können sie sich ganz auf das Trauern konzentrieren. Dies ist eine Form der Entlastung. Unter Muslimen gibt es eine ähnliche Regelung, die auch dort als sehr tröstend erfahren und daher auch weiterhin gepflegt wird.

Jede Form von Leid ist für den Leidenden eine Belastung. Dies kommt sprachlich in unterschiedlicher Weise zum Ausdruck: Der Leidende ist niedergeschlagen (am Boden liegend) und bedrückt. Ihn belastet das Leid. Leid kostet Kraft. Trauer-Arbeit ist Schwerstarbeit.

Jede Form von Entlastung stellt damit eine Form des Trostes dar. Wichtig ist dabei jedoch, dass dem Leidenden die Entlastung zuteil wird, die er sich wünscht. Manchmal kommt dem Leidenden eine „Entlastung" zu, die sich der „Tröster" in der Situation wünscht, nicht aber der Leidende. Daher macht es gerade hier Sinn, den Leidenden zu fragen, wie ihm geholfen werden kann, wie man ihn entlasten kann.

Jedes konkrete Hilfsangebot entlastet den Leidenden. Zwar bringt das Hüten der Geschwisterkinder den verwaisten Eltern ihr verstorbenes Kind nicht zurück, aber es entlastet. Zwar bleibt der Verstorbene weiterhin tot, auch wenn Sie für ihren Nachbarn mitkochen, aber es entlastet.

Ein 40-jähriger Witwer, dessen Sohn noch in den Kindergarten ging, schreibt:

Mir hat sehr geholfen, dass für jede Situation irgendwo Absicherungen vorhanden sind. Sollte der Zug Verspätung haben, ausfallen o. ä., so habe ich 7 Notrufnummern, an die ich mich wenden könnte, damit zumindest Stefan nach dem Hort nicht alleine ist. Für andere Fälle gibt es andere Absicherungen – ganz viele. Wichtig ist mir, dass keine Abhängigkeiten entstehen, damit jede Notrufnummer jederzeit auch Nein sagen kann, ohne dabei ein schlechtes Gewissen zu haben und ohne dass bei mir Not aufkommt.

In diesem Beispiel zeigt sich, wie wichtig ein soziales Netz ist, in das man sich im Ernstfall fallen lassen kann. Es ist nicht nur die eine Freundschaft, sondern ein soziales Netz, was den einzelnen Begleiter auch entlastet. Weiß er doch darum, dass noch andere Begleiter vorhanden sind, wenn einer mal zu einer Anfrage oder einem Hilferuf Nein sagen muss.

Jede Erleichterung der Last besitzt tröstenden Charakter. Es nimmt zwar das Leid nicht weg, erleichtert aber dem Leidenden sein Leben in dieser akuten Phase des Schmerzes.

Es gibt eine Vielzahl von Entlastungen, mit denen Leidenden geholfen werden kann. Die kurze Aufzählung soll nur die Bandbreite der Entlastung andeuten:
- Der Leidende will nicht alleine sein. (Den Leidenden häufig und lange besuchen bzw. anrufen.)
- Der Leidende will seine Ruhe haben. (Sich für eine Zeit vom Leidenden zurückziehen.)
- Mit oder für den Leidenden einkaufen.
- Mit dem Leidenden zu Ämtern gehen.
- Den Leidenden mit in Urlaub nehmen. (Er muss sich um nichts kümmern.)
- Für den Leidenden Arbeiten im Haushalt übernehmen: Wäsche waschen und/oder bügeln, Kinder betreuen, …

An den genannten Beispielen wird deutlich, dass sich Entlastungen widersprechen können. Es hängt von dem jeweiligen Leidenden ab, was er sich in seiner konkreten Situation wünscht. Was für den einen Leidenden in dieser Situation Entlastung ist, kann für einen anderen zusätzliche Belastung bedeuten. Daher sind hier Fragen nicht nur angebracht, sondern unbedingt notwendig.

Jede Form von Entlastung spendet Trost.

4.3.10 Zeit lassen

Jede Wunde und Verletzung braucht Zeit zum Heilen, so auch die Wunden der Herzen. Leid ist eine Wunde des Herzens. Es gibt zahlreiche Beispiele, bei denen die Wunden des Herzens lebenslang nicht verheilt sind. Die Ursachen hierfür können unterschiedlich sein:
- Der Leidende wurde mangelhaft begleitet und erhielt nur wenig Trost.
- Der Leidende wollte sich nicht trösten lassen, sondern wollte leiden, wollte trauern.
- Der Leidende hatte in seinem Leben keine hilfreichen Umgangsformen erfahren und keine Strategien entwickelt, die er anwenden konnte, um das Leid gut aufzuarbeiten.

Auch bei besten Voraussetzungen dauert die Verarbeitung von Leid Zeit, viel Zeit, bei Trauer Jahre und Jahrzehnte, manchmal sogar lebenslang. Wer Leidenden diese Zeit nicht gönnt und sie durch die Zeit ihrer Trauer hetzt, tröstet nicht, sondern schafft nur neuen Leidensdruck und wirkt damit der Trauer entgegen.
- Dem Leidenden Zeit zu lassen, beginnt mit dem Bekanntwerden des Leids. Dies kann bedeuten:
- Der Kranke bekommt mitgeteilt, dass er eine schwere Krankheit hat.
- Dem Kranken wird mitgeteilt, dass die Ärzte ihm nicht mehr helfen können.
- Dem Hinterbliebenen wird mitgeteilt, dass ein geliebter Mensch verstorben ist.
- Augenzeugen von Katastrophen können nicht fassen, was sie erlebt haben.

In diesen ersten Minuten, Stunden und zuweilen auch Tagen befinden sich diese und ähnliche Leidende im Schock. Sie erstarren und können gar nicht wahrhaben, was sie soeben erlebt haben. Sie können es nicht glauben, weil dieses Erlebnis ihren bisherigen Erfahrungen widerspricht. Sie sind dann häufig auch unfähig, irgend etwas zu äußern oder zu tun.

Wenn Leidende in diesen Situationen nicht so reagieren, wie man es von ihnen erwartet, indem sie nicht schreien, heulen, zusammenbrechen oder auf andere Art die Kontrolle verlieren, bedeutet dies nicht, dass sie es gefasst tragen und gut damit umgehen könnten. Sie befinden sich in einem Ausnahmezustand.

> Das Bild ging um die Welt: Gewichtheber Matthias Steiner gewann im Jahre 2008 in Peking eine Goldmedaille. Bei der Siegerehrung stand er mit einem Blumenstrauß und der Goldmedaille in der rechten und einem Foto seiner ein Jahr zuvor bei einem Verkehrsunfall verstorbenen Frau in der linken Hand auf dem Podest.

Matthias Steiner vergaß selbst in seinem Siegerglück nicht seine verstorbene Frau. Seine Trauer um sie war für ihn selbst oben auf der Siegertreppe noch immer präsent. Die ganze Welt sollte es wissen, was in ihm vorgeht. Er freut sich auf der einen Seite über die Goldmedaille, aber er trauert gleichzeitig auch über seine verstorbene Frau. – Die linke Hand ist dem Herzen näher und gilt daher als die Hand der Gefühle.

Trost ist es, den Leidenden Zeit zu lassen, aus diesem Ausnahmezustand zu kommen und langsam zu beginnen, darüber zu sprechen. Bis der Leidende diesen Stand erreicht hat, helfen vor allem körperliche Zuwendungen, wie z. B. Umarmungen, die Hand zu halten, die Schulter zu berühren, …

Auch im weiteren Verlauf des Leids ist es wichtig, dem Leidenden Zeit zu lassen. Er allein bestimmt die „Reisegeschwindigkeit" durch sein Leid. Er hat auch das Recht, an verschiedenen Stationen auf seinem Weg zu verweilen. Er braucht nur professionelle Hilfe, wenn es ihm zu langsam geht, nicht wenn es seiner Umgebung zu langsam geht.

Ist die „Reisegeschwindigkeit" zu hoch, so kann sich der Leidende nicht in rechter Weise mit seinem Leid auseinandersetzen und es verarbeiten. In seiner Wirkung hat eine zu hohe „Reisegeschwindigkeit" ähnliche Folgen wie unterdrücktes Leid. Leid kommt immer wieder hoch, selbst wenn es als psychosomatische Erkrankung ist.

> *Leid zu verarbeiten braucht Zeit, so wie jede Arbeit Zeit braucht.*

4.4 Zuspruch

Erst nach Kontaktaufnahme und Anteilnahme kann Zuspruch erfolgen. Es kann Stunden, Tage, Wochen, Monate und Jahre dauern, bis ein Leidender für Zuspruch offen ist. Jeder Zuspruch, der vorzeitig gegeben wird, kommt beim Leidenden nicht an und kann daher auch nicht wirken.

Andererseits bedeutet es auch, dass Zuspruch nicht bei jedem Zusammentreffen von Leidendem und Begleiter erfolgen muss. Alleine die Kombination Kontaktaufnahme – Anteilnahme wirkt bereits tröstend. Zuspruch ist der Satz, der dem Leidenden in die Zukunft hinein helfen soll. An ihm soll er sich festhalten können, wenn er in seinem Leid zu ertrinken droht. An ihm soll er sich aufrichten, wenn ihn sein Leid niederdrückt. Er soll für den Leidenden zur Kraftquelle werden, wenn er zu ermatten droht.

Es gibt einen kleinen, aber sehr entscheidenden Unterschied zwischen den beiden Sätzen: „Er hat mir zugeredet." und „Er hat mich zugeredet."

Der erste Satz drückt aus, dass der Gesprächspartner Zuspruch erfahren hat. Der zweite Satz hingegen drückt aus, dass der Gesprächspartner dem Sprecher völlig unterlegen war, er kam kaum bzw. gar nicht zu Wort, er wurde regelrecht mit Worten überschüttet, eben zugeredet.

So fein der sprachliche Unterschied ist, so fein ist er auch im umgesetzten Leben. Für einen Zuspruch bedarf es nicht vieler Worte. In einem Wortschwall geht selbst das beste Wort unter. Daher ist es sinnvoll, wenige, aber dafür passende und sinnvolle Worte zu wählen.

Zitate sind ein Beispiel dafür, dass wenige gute Worte oft mehr Wirkung zeigen, als ein ganzes Buch. Dieses Zitat kann man sich merken. Es kann einen über Tage und Wochen begleiten, ähnlich wie ein musikalischer Ohrwurm. An einem Zitat kann man sich festhalten, wenn man den Halt zu verlieren droht. An einem Zitat kann man sich aufrichten, wenn man danieder liegt. Ein Zitat hat man zur Hand, wenn man es braucht.

Vielen Menschen fällt im Leid ihr Tauf-, Konfirmations- oder Trauspruch ein. Er hat genau diese Funktion. Die Menschen sollen sich im Leid an ihm festhalten und aufrichten können. So soll auch ein Zuspruch knapp und konkret sein.

Zuspruch ist ein Ausdruck dafür, was dem Leidenden zufallen möge, ohne dass er etwas dafür leisten muss. Wunsch ist ein anderes Wort für Zuspruch. Der Begleiter wünscht dem Leidenden, dass er Gutes erfahren möge.

Zuspruch ist ein auf Zukunft gerichteter Wunsch, ohne den Leidenden zu Leistungen anzuhalten.

4.5 Sinngebung

„Sinnsuche" oder „Sinngebung" – beide Begriffe haben das gleiche Ziel, gehen jedoch mit gegensätzlichen Ansätzen daran.

„Sinnsuche" besagt, dass es einen Sinn geben muss. Er ist vorhanden, irgendwo liegt er verborgen. Man muss ihn nur finden, so wie ein verlorener Schlüssel nur wieder gefunden werden muss. Ich vertrete die Meinung, dass es diesen Sinn für Leid nicht gibt. Kein Leid *hat* Sinn. Daher kann auch kein Sinn des Leids *gefunden* werden.

„Sinngebung" besagt, dass dem erfahrenen Leid ein Sinn gegeben werden kann. Hier wird nicht nach einem vorhandenen Sinn gesucht, sondern dem Leid ein Sinn *gegeben*.

Eine verwaiste Mutter, deren Kind während der Schwangerschaft starb, schrieb:

> Ich freue mich auch, dass Sie von Sinn GEBEN sprechen. Meistens SUCHT man ja einen Sinn, so als würde er außerhalb von uns selbst bestehen, so als wäre er vorgegeben. Vielleicht wäre ein Satz nützlich, der diesen Unterschied anspricht und darauf hinweist, dass diese Sinngebung etwas ganz Persönliches ist, das nur aus einem selbst kommen kann.

Für mich ist die Frage nach dem „Warum" die SUCHE nach dem Sinn. Meist ist die Frage ja „Warum hat Gott das zugelassen?" oder „Warum tut Gott uns das an?" So als gäbe es da einen Sinn, dass Gott eben so etwas sozusagen aktiv und mit Absicht getan hätte. Da ich aber ebenso wie Sie meine, dass es auf diese Frage keine Antwort gibt/geben kann, stellt sich die Frage: „Wie kann ich persönlich diesem Ereignis in meinem Leben Sinn GEBEN?" Und darauf ist es möglich eine Antwort zu finden, nicht jetzt vielleicht, aber irgendwann. Und wenn das gelingt, dann kann ich mit der Katastrophe, die ich erlitten habe, in Frieden sein und weiterleben.

Leid, dem kein Sinn abgerungen oder gegeben werden kann, ist kaum oder nur sehr schwer zu ertragen. Vermag man Leid einen Sinn zu geben, so sind Menschen in der Lage, selbst größtes Leid auf sich zu nehmen.

Sinngebung macht Leid erträglich.

Arthur Abraham brach sich am 23. September 2006 im kontrovers diskutierten Kampf gegen Edison Miranda in der vierten Runde den Unterkiefer. Der Boxkampf sollte über zwölf Runden gehen. Es wurden Verhandlungen geführt, ob der Kampf abgebrochen werden soll. Arthur Abraham war nur für Abbruch, wenn er klar gewonnen habe. Das war nicht der Fall. So boxte er acht Runden mit gebrochenem Kiefer weiter und gewann den Kampf.

Weitere Beispiele, in denen Menschen von vorn herein bereit sind, Leid auf sich zu nehmen, sind:
- Geburtsschmerzen der Frau,
- Wundschmerzen nach einer geplanten Operation,
- Qualen der Radprofis bei Radrennen („Tour der Leiden" als zweiter Name für die Tour de France).

Wenn man sich nicht auf Leid eingestellt hat und wenn uns Leid ganz plötzlich und unerwartet trifft, dann ist es schwer, dem Leid gleich einen Sinn zu geben. Wenn das erfahrene Leid sehr selten und ungewöhnlich ist, wie z. B. ein Flugzeugabsturz oder der Tod eines Kindes, dann kann in den ersten Monaten und Jahren kaum ein Sinn gegeben werden. Wurde das Leid von Menschen verschuldet, z. B. durch einen Verkehrsunfall oder gar einen Mord, so ist eine Sinngebung selbst nach Jahren nahezu unmöglich.

So heilsam Sinngebung ist, so vorsichtig und behutsam sollte sie eingesetzt werden. Dabei geht es nicht darum, dass der Begleiter den Sinn in diesem Leid erkennt, sondern der Leidende.

Es kann durchaus sein, dass der Begleiter und der Leidende dem gleichen Leid völlig verschiedene Sinndeutungen geben. Das ist nichts Ungewöhnliches oder gar Verwerfliches, sondern ganz normal. Wichtig ist bei der Sinngebung nur, dass jeder für sich dem Leid einen Sinn geben kann. Hier zwei Beispiele von Sinngebung, denen ich als Klinikseelsorger immer wieder von Seiten der Patienten begegne, die jedoch nicht meine Sinndeutungen sind:
– „Gott lädt einem nicht mehr auf, als man tragen kann."
– „Gott macht keine Fehler."

Ich belasse die Patienten bei dem Sinn, den sie für ihr Leid gefunden haben. Ich stelle meine davon abweichende oder widersprechende Vorstellung nicht dagegen, sondern bestätige die Patienten in deren Sinngebung.

Der Sinn, den Leidende für sich im Leid gefunden haben, muss für den Begleiter nicht stimmig sein.

Wer über Jahre nur Warum-Fragen zum Leid stellt und nicht lernt, das Unvermeidbare anzunehmen, bleibt in seinem Leid gefangen. Deshalb ist es für Leidende wichtig, sich von dem Warum zu lösen und einen Weg der Trauer zu gehen. Für sie ist es wichtig, die Möglichkeiten zu erkennen, die sich durch das Leid ergeben. Dies entspricht einer Abzweigung an einer Straßenkreuzung. Die veränderte Richtung seines Lebens kann den Leidenden zum Sinn des Leids führen.

5. Falscher Trost – echter Trost

Eine Auflistung dessen, was falscher Trost ist, kommt einer Zurechtweisung eines Trösters gleich und ist damit kontraproduktiv. Er würde eher entmutigt als gefördert werden. Zwar wüsste er dann, was falsch ist, hätte aber keine Vorstellung, was er stattdessen tun könnte.

Eine Auflistung dessen, was echter Trost ist, käme einem „Heile-Welt-Buch" gleich, in dem das Trösten immer nur von der guten Seite dargestellt würde. Der Anfänger würde dadurch nicht erfahren, welche Fehler beim Trösten gemacht werden.

Aus diesen Gründen ist es hilfreich, falschen und echten Trost einander gegenüberzustellen.

5.1 Kontaktaufnahme

Der erste Fehler im Umgang mit Leidenden besteht darin, ihnen aus dem Weg zu gehen. Einige Trauernde berichten davon, dass einstige Freunde und Bekannte bewusst die Straßenseite wechseln, wenn sie den Trauernden kommen sehen. Sie weichen der Konfrontation mit dem Leid aus und wollen damit nichts zu tun haben. Ihnen ist nicht klar, dass sie damit dem Trauernden weiteres Leid aufbürden. Die Trauernden fühlen sich ausgestoßen, wie Aussätzige.

Falscher Trost *und seine Wirkung*	Echter Trost *und seine Wirkung*
Die Straßenseite wechseln, wenn man den Leidenden kommen sieht. Der Leidende fühlt sich ausgegrenzt wie ein Aussätziger. Es kommt ihm vor, als würde man ihn bewusst dafür bestrafen, dass er leidet. Dies ist eine der übelsten Formen, Leid noch zu verstärken, statt es zu lindern.	*Gezielt auf den Leidenden zugehen und Kontakt zu ihm halten.* Dem Leidenden vermittelt das Pflegen des bisherigen sozialen Kontakts Sicherheit. Dies ist umso bedeutsamer, je ungewöhnlicher das Leid ist. So verlieren z. B. Eltern, deren Kind gestorben ist, jegliches Gefühl der Sicherheit. Für sie ist nun alles möglich, auch dass die Sterne vom Himmel fallen. Die Pflege des Kontakts vermittelt hier wichtige Sicherheit.
Lass' mich damit in Ruhe! Dem Leidenden wird klar gesagt, dass zwar über alles gesprochen werden kann, aber nicht über das Thema Leid, nicht über seinen Schmerz, seine Trauer ... Dies vermittelt dem Leidenden das Gefühl, dass er zu funktionieren hat. Er wird geliebt, wenn er wieder ganz der Alte ist, wenn wieder „alles gut" ist.	**Wie geht es dir?** Diese Frage ist sehr offen gehalten und lädt den Leidenden ein, davon zu erzählen, was ihn momentan am meisten innerlich bewegt und belastet. Er darf sich mitteilen und dadurch das Leid mit einem anderen teilen. Er darf von seiner Last etwas abladen. Dies entlastet ihn.
Darüber will ich nicht reden. Härter kann kaum ein Desinteresse am Leid des anderen ausgedrückt werden. Der Leidende soll funktionieren. Er soll den anderen nicht mit seinem Leid belasten.	**Was ist denn geschehen?** Dem Leidenden wird Interesse an seinem Schicksal signalisiert. Der Leidende ist eingeladen, seinen Schmerz zu benennen. Er darf mit-teilen, was er Schlimmes erlebt hat.

Trauernden drückt man meist bis zur Bestattung seine Anteilnahme aus. Wenn diese vorbei ist, ist es oft auch mit der Anteilnahme vorbei. Das Leben geht weiter. Trauernde bleiben emotional am Grab stehen. Für sie steht die Welt für Monate und Jahre still. Ihnen tut es gut, wenn auch weiterhin ganz normal mit ihnen umgegangen wird, man jedoch für das neue Thema „Tod des Angehörigen" offen ist. Trauernde wissen es dankbar zu schätzen, wenn die Menschen weiterhin auf sie zukommen und nach ihrem Befinden fragen, auch wenn sie immer die gleiche Antwort geben.

5.2 Leid verstehen

Leid verstehen heißt:
Der Verstand des Begleiters nimmt das Leid des Leidenden auf und lässt ihn selbst davon spüren, was der Leidende als Leid empfindet.

5.2.1 Zuhören

Umfragen unter verwaisten Müttern zeigten, dass Zuhören tröstlich ist. Interesseloses Zuhören besitzt allerdings diese Wirkung nicht. Echtes Interesse und die Rückmeldung, dass man den Trauernden oder Leidenden verstanden hat, sind Voraussetzung für echten Trost. Gespieltes Interesse sollte in jedem Fall unterlassen bleiben. Meist wird es als solches erkannt und zerstört dann die Vertrauensbeziehung.

Falscher Trost *und seine Wirkung*	Echter Trost *und seine Wirkung*
Geht es dir immer noch nicht besser? Der Leidende wird damit unter Leistungsdruck gestellt. Er hat seine „Aufgabe" nicht erfüllt, das Leid noch nicht überwunden zu haben. Hat der Leidende von sich aus damit begonnen, von seinem Leid zu erzählen, so schwingt hier noch der Vorwurf mit, was ihm denn einfiele, den anderen immer noch mit seinem Leid zu konfrontieren.	**Wie geht es dir mit dem Tod deines Mannes?** Indem Begleiter sich gezielt für das Leid des Leidenden interessieren, nehmen sie ihn in seinem Leid ernst und nehmen Anteil daran. Dadurch erfüllt sich das Sprichwort: „Geteiltes Leid ist halbes Leid."

Falscher Trost *und seine Wirkung*	Echter Trost *und seine Wirkung*
Das ist doch nicht der Rede wert! Damit wird dem Leidenden Desinteresse an seiner Leidensgeschichte signalisiert. Sein Leid wird zu einer Nichtigkeit heruntergestuft. Indirekt wird damit auch ausgedrückt, dass der Leidende falsch fühle, dass er nicht in Ordnung sei.	**Das stelle ich mir schrecklich vor.** Es wird damit zurückgemeldet, dass man sich darum bemüht, sich die Situation vorzustellen. Man beschäftigt sich mit dem Leid. Es lässt einen nicht kalt.
Bei Frau Müller war es viel schlimmer. Diese Wertung macht das Leid klein. Damit wird ausgedrückt, dass der Leidende sich damit trösten soll, dass es Frau Müller noch schlimmer erwischt habe und er mit seinem kleineren Leid zufrieden sein soll.	**Wie schaffst du das nur?** Zum guten Zuhören gehören Rückmeldungen. Durch diese weiß der Leidende, dass ihm zugehört wurde, dass er verstanden wurde, dass man versucht, sich in den Leidenden und seine Situation hineinzuversetzen, man sich über seine Lage Gedanken macht. Das Wissen darum, Gehör zu finden, ernst genommen zu werden, wichtig zu sein und verstanden zu werden, tröstet.

Als Klinikseelsorger ist es meine Aufgabe, die Patienten der Klinik zu besuchen. Dabei gehe ich – wenn es mir die Zeit erlaubt – die Stationen von Zimmer zu Zimmer durch. Hierbei lautet meine Standardfrage: „Wie geht es ihnen?"

Wenn Patienten stationär im Krankenhaus aufgenommen wurden, sollte man meinen, dass ihr Hauptanliegen ihre Krankheit oder zumindest der Aufenthalt in der Klinik sei. Ich erlebe jedoch häufig, dass ich nach dieser Frage ein völlig anderes Thema höre. Ein Mann, der für eine OP einbestellt war, antwortete mir auf meine Standardfrage: „Letzte Woche ist meine Frau gestorben." Eine Frau auf der Station mit Herzinfarkten antwortete mir: „Vor 18 Jahren hat sich mein Sohn das Leben genommen." Ein krebskranker Patient antwortete mir: „Heute hat mir der Arzt eröffnet, dass er mir nicht mehr helfen kann. Dass das irgendwann kommen wird, war mir klar. Ich weiß nur nicht, wie ich das meiner Familie sagen kann."

Hätte ich die Frage gestellt: „Warum sind sie hier?" oder „Was macht Ihre Krankheit?", so hätte ich das Gespräch mit dem Kranken nicht nur auf die Krankheit eingeengt, ich hätte wohl auch kaum von diesen Problemen und Situationen erfahren, die bei den Menschen momentan an erster Stelle standen. Daher ist es so wichtig, die Eingangsfrage so offen wie möglich zu stellen.

Zum Zuhören gehört wesentlich auch, dass über die Gefühle und Wahrnehmungen des Leidenden nicht diskutiert werden darf – der Leidende empfindet so. Alles Schönreden ist hier nur fehl am Platz und schafft Distanz. Wenn sich z. B. jemand einsam fühlt, dann ist der Hinweis auf die augenblickliche Anwesenheit des Besuchers kein Gegenargument. Der Begleiter muss hier einen anderen Rahmen schaffen, damit sich der Leidende nicht mehr so alleine fühlt. Dies kann dadurch erfolgen, dass man den Leidenden häufiger besucht. Aber auch schon der Hinweis, dass man morgen oder nächste Woche wieder kommt, kann das Gefühl der Einsamkeit schmälern, da der Leidende weiß, dass er nach Ablauf dieser genannten Zeit mit einem Besuch rechnen kann. Darauf kann er sich in seinen einsamen Stunden schon wieder freuen.

Besonders subjektive Wahrnehmungen und Gefühle des Leidenden sollten frei von allen Diskussionen angenommen werden. Der

Leidende empfindet so, auch wenn wir meinen, dass wir an seiner Stelle anders fühlen würden.

> *Subjektive Wahrnehmungen und Gefühle sind immer als richtig stehen zu lassen. Sie sind über alle Diskussionen erhaben.*

5.2.2 Das Leid verstehen

Schnell sind die Worte gesprochen „Ich verstehe dich", aber versteht der Begleiter wirklich den Leidenden? Fühlt sich der Leidende dadurch wirklich verstanden? Selbst wenn der Begleiter den Leidenden versteht, so ist nicht immer gewährleistet, dass sich allein durch diese Worte der Leidende verstanden fühlt.

Falscher Trost *und seine Wirkung*	**Echter Trost** *und seine Wirkung*
Ich verstehe dich. Die Worte sind zwar leicht gesagt und drücken aus, was dem Leidenden gut tut. Doch zum Verstehen gehört mehr als nur diese Worte.	**Das muss doch fürchterlich weh tun.** Mit diesen Worten erfährt der Leidende, dass der Begleiter mitfühlt. Damit fühlt sich der Leidende verstanden.
Ich kann das nachvollziehen. Wenn dieser Satz nur so alleine für sich gesagt wird, verfehlt er häufig seine Wirkung. Die Begründung gehört wesentlich mit dazu, damit der Leidende weiß, was und warum der Begleiter etwas nachvollziehen kann. Fehlt dies und steht dieser Satz nur für sich alleine da, hat er keine tröstende Wirkung.	**Ich habe mal ähnliches erlebt. Ich hatte …** Damit gewinnt der Leidende Einblick in das, was der Begleiter erlebt haben. Er erfährt, warum Sie das nachvollziehen können, was er momentan durchmacht. Damit fühlt sich der Leidende verstanden. Dies wiederum tröstet.
Ich weiß, wie du dich jetzt fühlst. Dieser Satz ist nur zu verwenden, wenn man selbst gleiches erlebt hat. Andernfalls ist er nur eine Farce.	**Ich stelle mir das schlimm vor.** Sie geben damit offen zu, dass Sie so etwas noch nicht erlebt haben, dass Sie sich aber darum bemühen, sich ein Bild vom Leid des anderen zu machen.

Ich verstehe gar nicht, warum du so jammerst. Dieser Satz wird als Zurückweisung erfahren. Selbst wenn er als Frage gedacht war, sollte er anders formuliert werden. So verletzt er nur.	**Oh, wie schlimm!** Dieser kurze Ausruf macht deutlich, dass Sie verstanden haben, dass es schlimm ist. Der Leidende fühlt sich verstanden.
Der Tod eines Kindes ist doch kein Weltuntergang. Faktisch ist das Leid, wie groß es auch immer sein mag, kein Weltuntergang. Mit einem solchen Satz wird aber Leid nicht als Leid anerkannt. Der Leidende fühlt sich daher zurückgewiesen.	**Der Tod eines Kindes ist das Schlimmste, was Eltern widerfahren kann.** Sie nehmen mit diesem Satz eine Gewichtung vor, die deutlich macht, dass es zum Tod eines Kindes keine Steigerung gibt. Der Leidende fühlt sich verstanden.

Verständnis ist die breite Brücke zum Leidenden

5.2.3 Das Leid anerkennen

Leidenden direkt oder indirekt zu sagen, dass ihr Leid nicht so schlimm sei, ist eine weitere Verletzung des Leidenden. Es wird ihm dadurch vermittelt, dass er nicht richtig fühlt. Dies führt dazu, dass er sich dagegen aufbäumt, wenn er noch die Kraft dazu hat. Meist fehlt dem Leidenden jedoch diese Kraft und er verschließt sich. Zunächst erzählt er dieser Person nichts mehr von seinem Leid. Erfährt er die Abschwächung oder Negierung seines Leids öfters, verschließt er sich allen Menschen. Er leidet dann alleine für sich, da er sich von niemandem verstanden fühlt.

Falscher Trost *und seine Wirkung*	Echter Trost *und seine Wirkung*
Das war sicher nicht so gemeint. Diese Annahme kann durchaus richtig sein, doch es ist nicht entscheidend, was gemeint war, sondern wie es wirkte. Es spricht nichts dagegen, wenn im Gespräch der Leidende zu der Erkenntnis gelangt, dass ein Satz, der ihn verletzt hat, wohl so nicht gemeint war. Doch sollte diese Erkenntnis von ihm selbst kommen.	**Das war aber ein dummer Spruch.** **Da konnte jemand nicht angemessen mit der Situation umgehen.** **Das waren aber harte Worte, die du da zu hören bekamst.** **Diese Worte hätten mich auch verletzt.** Das durch eine dritte Person zugefügte Leid wird anerkannt und so stehen gelassen. Es wird dem Leidenden mitgeteilt, dass der Begleiter ähnlich empfindet. Damit wird bestätigt, dass der Leidende „richtig" empfunden hat. Diese Worte waren hart. Diese Worte hätten auch Sie verletzt. Dies schafft Nähe und tröstet.
Bei mir war es viel schlimmer. Leid lässt sich nicht messen. Es macht daher keinen Sinn, davon zu sprechen, wer nun schlimmer leidet. Auch wenn jemand seinen Schmerz jedem Menschen mitteilt, ist dies kein Indiz dafür, dass er schwerer leidet als der, der sein Leid still für sich behält. Mitunter leiden diese Menschen auch noch darunter, dass sie niemanden haben, der sie in ihrem Leid annimmt.	**Ich hatte ähnliches erlebt.** Mit diesen Worten lassen Sie wissen, dass Sie den Leidenden aufgrund eigener Erfahrung verstehen. Sie stellen damit keinen konkurrierenden Vergleich an. Er weiß, dass Sie das Gefühl dieses Leides kennen. Damit fühlt sich der Leidende in seinem Leid angenommen und verstanden. Das verbindet und tröstet.

Es gibt Schlimmeres. Ähnlich wie das vorhergehende Beispiel macht dieser Satz das Leid des Leidenden klein, wischt es weg, spricht dem Leidenden das Recht ab, sein Leid zu klagen. Grundsätzlich gilt: Jedes Leid lässt sich noch steigern, auch wenn man es sich nicht vorstellen kann. – Ein Mensch, dem ein Bein abgenommen werden musste, wird von dem übertroffen, dem beide Beine abgenommen wurden.	**Das ist aber schlimm.** Das Leid bleibt mit seiner vollen Größe bestehen und wird als solches auch bezeichnet. Dem Leidenden wird damit indirekt mitgeteilt, dass er richtig fühlt. Sie bestätigen, dass dies schlimm ist. Damit erfährt der Leidende, dass Sie ihn verstanden haben, zumindest was die Größe des Leids betrifft. Beides führt dazu, dass sich der Leidende verstanden fühlt, was schließlich tröstend wirkt.
Schwarz steht dir gut. Schwarz als Farbe der Trauer geht immer mehr in unserer Kultur verloren und wird immer mehr zu einer Modefarbe. Wenn Trauernde Schwarz tragen, wollen sie nicht modisch chic aussehen, sondern ihre Trauer zum Ausdruck bringen. Wird hierbei gesagt, dass ihnen Schwarz gut stehe, bedeutet dies für die Trauernden, dass ihnen die Trauer gut steht bzw. man nicht über deren Trauer sprechen will. Beides verletzt.	**Ich sehe an deiner Kleidung, dass du noch immer trauerst.** Der Begleiter greift das Signal der schwarzen Trauerkleidung auf und spricht es an. Dies führt meist zu einem Gespräch über die Trauer des Hinterbliebenen. In der Regel wird dieses Aufgreifen der Trauer dankbar angenommen und als tröstend empfunden.

Das ist doch kein Grund zum Jammern. Damit wird das Recht auf Jammern und Klagen abgesprochen. Indirekt wird dem Leidenden mitgeteilt, dass seine Gefühle, sein Schmerz, falsch seien. Man jammere wegen „so etwas" nicht. Der Leidende fühlt sich dadurch nicht nur unverstanden, sondern auch schlecht.	**Das würde mir auch nicht gefallen.** Der Leidende erfährt, dass Sie ähnlich fühlen. Dies bestätigt ihm die Richtigkeit seiner Gefühle. Der Leidende fühlt sich verstanden und getröstet.
Es war doch nichts. Damit wird das Geschehen als solches negiert. Für den „Tröster" hat es das Ereignis nie gegeben, doch wie fühlt sich der Leidende?	**Es tut mir sehr Leid, dass dir das passiert ist.** Das Geschehen wird eindeutig bestätigt. Es wird hierzu die Anteilnahme ausgedrückt. Der Leidende fühlt sich in seiner Wahrnehmung bestätigt.

Wichtig ist, dass diese Sätze nicht inflationär verwendet werden. Dies wirkt gekünstelt und theatralisch. Dann würden diese Äußerungen nicht mehr ernst genommen. Sie werden vom Leidenden als Technik erkannt und das Gespräch verliert an Wirksamkeit.

Wer trösten will, muss das Leid stehen lassen und mit aushalten können. Er darf das Leid um kein Stück schmälern, sondern hat es stattdessen zu würdigen.

Leid sollte so bezeichnet und als solches behandelt werden. Es sollte weder theatralisch vergrößert werden noch verkleinert oder gar negiert werden.

Auch der Ausblick auf bessere Zeiten, der den Leidenden trösten soll, beinhaltet allzu oft eine mangelnde Anerkennung seines Leids.

Falscher Trost *und seine Wirkung*	Echter Trost *und seine Wirkung*
Nach Regen kommt auch wieder Sonnenschein. Dem Menschen, der momentan im Regen steht und einen trockenen Platz sucht, an dem er sich unterstellen kann, hilft der Verweis auf den folgenden Sonnenschein wenig. Ihm kommt dieser Hinweis wie Hohn vor.	**Es ist schlimm, nicht auf der Sonnenseite des Lebens zu stehen.** Sie bestätigen damit, dass es Leid ist, nicht auf der Sonnenseite des Lebens zu stehen. Sie erkennen das Leid an. Der Leidende fühlt sich verstanden.
Das Leben ist wie eine Achterbahn. Es geht auf und es geht ab. Einen Menschen, der sich auf der Talfahrt des Lebens oder gar einem Absturz befindet, ist es kein Trost, mit dem Bild der Achterbahn auf das nächste Aufwärts zu verweisen. Der Leidende will sein Leiden verstanden wissen, nicht auf das irgendwann folgende Gute verwiesen werden.	**Wenn man sein Schiff des Lebens in stürmischen Gewässern hat, sehnt man sich wieder nach ruhigen.** Sie drücken damit aus, dass sie sich mit dem Leidenden zusammen nach den ruhigen Gewässern sehnen. Sie sprechen nicht von dem, was irgendwann kommen wird, sondern von der Sehnsucht, die jetzt da ist.
Nach schlechten Zeiten kommen auch wieder gute. Der Leidende weiß das auch. Bei großem Leid – dem Tod eines geliebten Menschen – kann sich der Leidende nicht vorstellen, je wieder gute Zeiten zu erleben, je wieder zu lachen und glücklich zu sein. Der Satz geht damit völlig an der Sichtweise des Leidenden vorbei. Der Leidende fühlt sich unverstanden.	**Du kannst dir im Augenblick sicherlich nicht vorstellen, je wieder zu lachen. Ich glaube aber fest daran und wünsche dir, bald diese Erfahrung machen zu können.** Sie geben damit zum Ausdruck, dass Sie den Leidenden verstehen. Gleichzeitig lassen Sie ihn teilhaben an Ihrem Glauben, dass es auch wieder andere Zeiten gibt, ohne ihm dies überzustülpen.

Wer keine Erwartungen hat, kann nicht enttäuscht werden. Sachlich ist diese Aussage richtig, doch welcher Mensch hat denn keine Erwartungen, keine Träume, keine Hoffnungen? – Ein Leben ohne diese ist ein trostloses und damit auch freudloses Leben.	**Es schmerzt sehr, wenn sich Erwartungen nicht erfüllen. Ich fände es sehr schade, wenn du damit alle Hoffnung aufgeben würdest.** Es ist die Anteilnahme ausgedrückt, aber auch darauf hingewiesen, dass deswegen nicht alle Hoffnung aufgegeben werden sollte.

Fehlt beim Ausblick auf eine bessere Zeit die Anerkennung des Leids, fühlt sich der Leidende unverstanden. Ihm wurde zu schnell über sein Leid hinweg gegangen. Es ist daher beim Trösten zwingend notwendig, zuerst das Leid zu würdigen, bevor von der Überwindung des Leids gesprochen wird.

Beim Versuch eines Ausblicks auf eine bessere Zeit darf eine vorausgegangene Anerkennung des Leids nicht fehlen.

5.3 Anteilnahme

Anteil nimmt, wer am Leid des anderen mitträgt.

5.3.1 Ehrlich sein

„Man kann nicht nicht kommunizieren." Diese Grundregel des Kommunikationswissenschaftlers Paul Watzlawick gilt es im Umgang mit Leidenden in besonderer Weise zu beherzigen. Es sind unsere nonverbalen Botschaften, die wir ständig aussenden, die uns verraten und überführen, wenn wir unaufrichtig sind.

Besonders Leidende sind für nonverbale Mitteilungen sehr sensibel. Auch wenn sie nicht immer eindeutig sind, so spüren Leidende sehr genau, ob man ein gehetzter Mensch ist oder ob man

Zeit für ihn hat. Sie spüren, ob die Frage „Wie geht es ihnen?" eine Floskel ist oder eine aufrichtige Frage voller Interesse.

Früher oder später merkt der Leidende, ob er einem „Tröster" oder einem Begleiter gegenüber steht. Daher sollten Sie erst Ihre innere Haltung überprüfen, bevor Sie zu einem Leidenden gehen.

| Falscher Trost | Echter Trost |
und seine Wirkung	*und seine Wirkung*
Das hatte ich auch mal. **Das ist mir auch schon passiert.** **Das kenne ich aus eigenem Erleben.** Es muss nicht so plump sein, dass ein Mann zu einer Frau, deren Kind soeben während der Schwangerschaft verstarb, sagt, dass er auch schon so etwas erlebt habe. Besonders Leidende sind in puncto Wahrheit hoch sensibel. Sie spüren sofort, wenn etwas nicht stimmt. Eine Chance zum guten Umgang mit dem Leidenden ist damit vertan.	**Ich bin sprachlos.** **Das ist ja schrecklich.** **Wie schaffst du das nur?** Solche Sätze anerkennen das Leid in seiner ganzen Größe und befreien den Leidenden. Er fühlt sich mit seinem Leid angenommen und verstanden. Außerdem wird er damit eingeladen, noch weiter von seinem Leid zu erzählen, was ihm Befreiung verschafft.

Unaufrichtigkeit im Umgang mit Leidenden verletzt nicht nur diese, man wird als „Tröster" entlarvt und als Begleiter abgelehnt. Mit Unaufrichtigkeit wird ein nicht wieder gut zu machender Schaden beim Leidenden und in der Beziehung zum Leidenden angerichtet.

5.3.2 Anteilnahme zeigen

Anteil am Leid eines anderen zu nehmen, bedeutet, dessen Leid ein Stück weit zum eigenen Leid werden zu lassen. Dies ist immer mit Gefühlen verbunden, mit schmerzhaften Gefühlen. Daher wollen sich manche Menschen dem Leid anderer nicht aussetzen. Sie bauen eine emotionale Isolierschicht zwischen sich und dem anderen auf. Damit kann keine Anteilnahme erfolgen.

Falscher Trost *und seine Wirkung*	Echter Trost *und seine Wirkung*
Geh' weiter! Dem Leidenden wird unmissverständlich erklärt, dass der „Tröster" mit ihm nicht reden will. Der Leidende soll so weitermachen, als wäre nichts geschehen.	**Es tut mir so Leid, dass dir das passiert ist.** Es tut auch Ihnen Leid und Sie vermitteln dies dem Leidenden. Das ist Anteilnahme.
Lass mich damit in Ruhe! Dem Leidenden wird jegliche Anteilnahme verweigert. Der „Tröster" will seine Ruhe haben, will sich nicht dem Leid stellen und an dem Leid teil haben.	**Wie konnte das passieren?** Sie zeigen Interesse am Leid des anderen. Sie wollen mehr davon erfahren, um umfassender Anteil nehmen zu können.
Ich weiß gar nicht, was du hast. Dem Leidenden schlägt hiermit eine Gefühlskälte entgegen, die ihn verletzen muss. Es wird dem Leidenden das verweigert, was ihn tröstet.	**Ich werde ganz wütend, wenn ich so etwas höre.** Sie teilen Ihre Gefühle mit. Sie sind wütend, zusammen mit dem Leidenden. Sie lassen das Leid des Leidenden ein Stück weit zu Ihrem eigenen Leid werden.

Anteilnahme besteht häufig schon darin, Interesse am Leid des anderen zu zeigen. Der Leidende erfährt Trost schon durch das Erzählen seines Leids. Er kann sich das, was ihn bedrückt und belastet, von der Seele reden. Der Begleiter nimmt ihm einen Teil seines Leids ab und entlastet ihn dadurch.

5.3.3 Selbstmitteilung

Nicht nur in der verbalen Kommunikation sollte der Leidende Rückmeldung erhalten Auch in der nonverbalen Kommunikation gilt, dass der Leidende erfahren muss, was der Begleiter denkt oder fühlt. Wenn sich z. B. der „Tröster" seiner Tränen schämt, sich zum Weinen abwendet oder gar den Raum verlässt, weiß der Leidende nichts über die Rührungen des „Trösters". Dadurch vermisst er die Anteilnahme. Sie ist zwar faktisch da, kommt aber dem Leidenden nicht zugute.

Dieser Fehler wird immer wieder begangen. Zum Teil macht es unsere Erziehung aus, aber auch die Scham, unsere Gefühle einander mitzuteilen und offen zu zeigen. Frauen tun sich im Allgemeinen leichter, doch auch sie unterdrücken häufig das Weinen.

Falscher Trost	Echter Trost
und seine Wirkung	*und seine Wirkung*
Du brauchst deswegen nicht traurig zu sein. **Du solltest nicht mehr daran denken.** In diesen Äußerungen kommt der „Tröster" nicht vor. Es wird immer nur vom Leidenden gesprochen. Es erfolgt keine Rückmeldung, was das Gehörte beim „Tröster" auslöst. Er hüllt sich diesbezüglich in Schweigen. Dadurch weiß der Leidende nicht, ob der „Tröster" mitfühlend ist, ob er Anteil nimmt.	**Ich hatte auch mal ...** Dies geht nur, wenn Sie von eigenem Erleben sprechen. Wenn Sie lügen, wird der Leidende schnell den Eindruck gewinnen, dass da irgend etwas nicht stimmt. Er wird Ihnen das Vertrauen entziehen. Dadurch, dass Sie eigene Erlebnisse kurz erzählen, weiß der Leidende, dass Sie ihn und sein Leid verstehen. Sie erlebten selbst den Schmerz, den er nun fühlt. Der Leidende fühlt sich damit angenommen und verstanden.
Du kannst froh sein, dass dir nicht mehr passiert ist. **Du solltest Gott danken, dass es nicht schlimmer ausging.** Der Leidende wird in diesen Äußerungen immer nur auf sich zurückgeworfen. Nie erfährt er etwas vom „Tröster", was das Leid mit diesem macht.	**Ich hatte so etwas zum Glück nicht erlebt, aber ich stelle es mir sehr schlimm vor.** Der Leidende erfährt, dass Ihnen so ein Leid erspart geblieben ist, dass Sie sich aber bemühen, sein Leid nachzuspüren. Sie verstehen, dass es schlimm sein muss.

Du solltest mehr unter die Leute. Du solltest mal zu einem Psychologen. In einzelnen Fällen kann es durchaus sein, dass diese Empfehlungen sachlich richtig sind. Der Leidende weiß damit jedoch nicht, was sein Leid beim „Tröster" auslöst. Hier versteckt sich der „Tröster" hinter den Anweisungen, denen der Leidende nachkommen soll.	**Ich weiß nicht, was ich sagen soll. Ich bin ganz sprachlos.** Großes Leid, mit dem Sie konfrontiert werden, macht Sie sprachlos. Diese Sprachlosigkeit behalten Sie nicht nur für sich, sondern lassen sie den Leidenden wissen. Damit weiß er, dass er nicht falsch empfindet. Solange die Sprachlosigkeit aber nicht in irgendeiner Art und Weise zum Ausdruck gebracht wird, z. B. durch Umarmung oder anderen Körperkontakt, weiß der Leidende nichts von Ihrer Sprachlosigkeit.
Du brauchst dich deswegen nicht aufzuregen. Vergiss es! Auch hinter diesen Handlungsanweisungen versteckt sich der „Tröster". Er lässt den Leidenden nicht wissen, was dessen Leid bei ihm auslöst.	**Ich würde dir gerne helfen, weiß aber nicht wie.** Der Leidende wird in seinem Leid nicht alleine gelassen. Hiermit wird ein klares Angebot tätiger Hilfe unterbreitet. Für den Leidenden ist es meist unwichtig, dass Sie im Moment ratlos sind. Er sieht Ihre Hilfsbereitschaft. Er kann Ihnen nun sagen, womit Sie ihm helfen können.
Du brauchst deswegen nicht wütend zu sein. Du solltest es vergessen und nach vorne blicken. Diese Handlungsanweisungen beziehen sich nur auf den Leidenden. Der „Tröster" kommt auch hier nicht vor.	**Ich wäre an deiner Stelle auch wütend.** Mir kommen alleine bei der Vorstellung die Tränen hoch. Sie lassen den Leidenden wissen, was dessen Leid bei Ihnen auslöst. Dies ist Anteilnahme und tröstet.

Du musst dazu einen Antrag stellen. **Du solltest Anzeige erstatten.** Antrag stellen oder Anzeige erstatten kann durchaus sinnvoll sein. Der Leidende ist jedoch in der Ausführung dieser Tätigkeiten alleine.	**Ich gehe gerne mit dir auf das Amt (zur Polizei), wenn es dir recht ist.** Der Leidende weiß, dass er den Weg nicht alleine gehen muss. Er hat Begleitung und Beistand durch Sie. Dies entlastet und tröstet.

Handlungsanweisungen zielen immer darauf hin, dass der Leidende selbst aktiv werden soll, um das Leid aufzuheben oder zumindest zu lindern. Immer ist er allein der aktive Teil. Der „Tröster" nimmt sich vornehm raus.

Bei Selbstmitteilungen hingegen teilt der Begleiter dem Leidenden mit, was dessen Leid bei ihm auslöst, was er bereit ist zur Aufhebung oder zumindest zur Linderung des Leids zu unterstützen. Der Begleiter nimmt sich nicht heraus, hält sich nicht zurück. Er nimmt im Gegenteil zu dem Leid Kontakt auf, lässt es auf sich wirken und meldet die dadurch ausgelösten Gefühle an den Leidenden zurück. Darüber hinaus geht der Begleiter selbst mit dem Leid um (Hilfsangebote).

Es kommt nicht von ungefähr, dass die Aussagen der Selbstmitteilung mit „Ich" oder „Mir" beginnen. Dies kann dem Begleiter als Orientierungshilfe dienen, wenn es ihm ein Anliegen ist, den Leidenden wissen zu lassen, was sein Leid bei ihm auslöst.

Wird versucht, auf diesem Wege zu trösten, sollte der Begleiter drei Risiken beachten:

Risiken
1. Der Begleiter gibt vor, dass sein Leid das größere sei. Damit wird das Leid des anderen nicht anerkannt, sondern klein gemacht. Der Leidende fühlt sich nicht nur ungetröstet, sondern in einem Wettkampf, wer nun das größere Leid trägt.
2. Im weiteren Verlauf des Gesprächs verbleibt man beim vergangenen Leid des Begleiters, nicht beim aktuellen Leid des Leidenden. Im besten Fall kommt es dann zum Rollentausch. Der Leidende tröstet dann den Begleiter.

3. Es kann auch zu einem Streit kommen, über wessen Leid nun gesprochen werden soll.

Selbstmitteilungen bergen immer die Gefahr, dass der Schwerpunkt des Gesprächs vom Leidenden und seiner Situation zum „Tröster" überwechselt und dort verbleibt. Dann berichtet der „Tröster" von sich, aus seinem Leben. Wenn der Leidende dabei etwas entdeckt, das ihn interessiert, ihm Freude bereitet oder ihn aufbaut, ist es durchaus gerechtfertigt, länger beim Begleiter zu verweilen. In jedem Fall sollte das Gespräch dann wieder zum Leidenden zurückkehren. Es soll nicht in eine Selbstdarstellung des „Trösters" abgleiten.

5.3.4 *Gefühle zulassen*

Leid hat immer mit Gefühlen zu tun. Im Leid keine Gefühle zuzulassen, bedeutet, Trost zu verweigern. Dies gilt für alle Situationen des Leids.

Falscher Trost *und seine Wirkung*	Echter Trost *und seine Wirkung*
Deswegen brauchst du doch nicht den Kopf hängen zu lassen. Dem Leidenden wird vermittelt, dass er im Erleben seiner Gefühle falsch liegt. Damit wird ihm zum eigenen Leid noch vermittelt, dass er nicht in Ordnung sei.	**Da wäre ich auch traurig, wenn es mir passiert wäre.** Der Leidende erfährt, dass seine Gefühle von Ihnen geteilt werden. Sie fühlen mit. Sie fühlen das gleiche wie der Leidende. Auch Sie fühlen Trauer. Das tröstet.
Du musst jetzt stark sein. Dem Leidenden werden Gefühle verboten. Mit Stärke soll er seine Gefühle unterdrücken und sich damit selbst Gewalt antun.	**Du musst jetzt nicht stark sein.** Dem Leidenden wird nicht Stärke abverlangt. Er darf schwach sein und sich fallen lassen.

Sei doch nicht so mimosenhaft! Dem Leidenden werden zu starke Gefühle vorgeworfen. Er soll diese überwinden und wieder „normal" werden. Damit macht es sich der „Tröster" einfach. Er muss sich nicht dessen Leid stellen. Er vermeidet die Belastung.	**Willst du ein Schmerzmittel?** Bei körperlichen Schmerzen ist dies eine völlig legitime, zuweilen die einzig richtige Frage, die in dieser Situation gestellt werden kann. Körperliche Schmerzen müssen nicht ausgehalten werden. Gegen sie gibt es entsprechende Mittel.
Sei doch froh, dass du ihn los bist! (nach Trennung oder Tod eines Partners) Der Trauernde fühle falsch: Er soll nicht trauern, sondern sich freuen. Damit wird ihm signalisiert, dass er nicht richtig fühlt, dass bei ihm etwas falsch sei, dass er nicht in Ordnung sei.	**Auch wenn ihr beide nicht immer ein Herz und eine Seele ward, so fehlt er/sie dir doch.** Damit wird klar angesprochen, dass es auch die Schattenseiten in der Beziehung gab. Trotzdem darf der Trennungsschmerz vorhanden sein. Er fällt nicht unter den Tisch, sondern wird gewürdigt.
Welche Schande du nur mit deiner Anzeige über die Familie gebracht hast! Hier wird dem Leidenden das Schuldgefühl noch verstärkt, Schande über die eigene Familie gebracht zu haben.	**So, wie er dich misshandelt hat, musstest du Anzeige erstatten.** Damit zeigen Sie Verständnis für das Handeln des Leidenden. Dies nimmt zwar noch nicht das Schuldgefühl, relativiert es jedoch schon einmal.
Du bist selbst Schuld, dass er dich verprügelte! Warum hast du ihn auch mit einem anderen Mann betrogen? Der Frau wird damit an der erfahrenen körperlichen Misshandlung die Schuld zugesprochen. Dass der Mann kein Recht hat, seine Frau zu schlagen, wird nicht in den Blick genommen.	**Auch wenn du fremd gegangen bist, so hat dein Mann kein Recht, dich zu schlagen.** Damit wird die Tat des Ehebruchs klar von der Tat der Körperverletzung getrennt. Kein Mann hat das Recht, seine Frau zu schlagen, egal aus welchem Grunde. Dies kommt hiermit deutlich zum Ausdruck.

Ein sehr wichtiges Gefühl, das häufig vorhanden aber oft nicht angesprochen wird, ist reale Schuld oder ein unbegründetes Schuldgefühl. Beiden sollte ausreichend Raum und Zeit gegeben werden, da sie selbstzerstörerisch wirken. Nur wenn sie in guter Weise besprochen werden, können bei realer Schuld Wege zur Vergebung aufgezeigt und unbegründete Schuldgefühle genommen werden.

Am Beispiel von Frauen, deren Kind während der Schwangerschaft starb, kann aufgezeigt werden, welch selbstzerstörerische Macht diese zumeist unbegründeten Schuldgefühle haben können:

> Ich habe ihn zu Beginn gehasst, dass er mich so im Stich gelassen hat. Ich habe mir und meinem Körper die Schuld gegeben, dass wir nicht fähig waren, das Baby zu bekommen!
> Ich hasste diese Narbe auf meinem Bauch, die mich jetzt ein Leben lang auch noch offensichtlich daran erinnern würde, was passiert war. Mein Körper hatte meinem Sohn das Leben genommen. Unbewusst, unbemerkt von mir. Er war so schlecht, gemein. Mein Körper war so egoistisch gewesen. Ich schämte mich für ihn. Seit 2001 erst ist es wieder so richtig gut. Mir musste die Gebärmutter entfernt werden. Ich hatte es heimgezahlt. Zuerst habe ich nichts mehr gegessen, um auf keinen Fall mehr schwanger auszusehen. Dann habe ich das Rauchen angefangen, damit es mir schlecht geht. Ich wollte mich nicht gut fühlen, wenn mein Kind tot ist.

5.3.5 Weinen zulassen

Was tun Sie, wenn in Ihrer Anwesenheit ein Leidender weint? Was ist Ihr Bestreben, wenn bei ihm Tränen fließen? Wie stehen Sie selbst zu Tränen? Diese Fragen sollten Sie sich ernsthaft stellen und versuchen, sie ehrlich zu beantworten. Nur wenn Sie wissen, wie Sie zum Weinen stehen, können Sie Ihre Einstellung hierzu ggf. verändern.

Es gibt verschiedene Gründe, warum wir Weinen nicht zulassen oder nicht aushalten. Es gibt auch entsprechende Äußerungen, die Weinen unterbinden. Darauf soll hier kurz eingegangen werden:

Tränen machen hilflos: Wer weint, hat die Kontrolle über sich verloren. Er befindet sich nun gänzlich in der Gefühlswelt.

Im Umgang mit Tränen des Leids gibt es nur zwei Wege: die Tränen zu verbieten, vor ihnen fliehen, oder die Tränen zuzulassen und ggf. mitzuweinen. Beim ersten Weg wird Trauerarbeit verhindert, beim zweiten Weg wird sie unterstützt.

Tränen tun weh: Tränen des Schmerzes tun weh. Es schmerzt, wenn man einen Menschen weinen sieht. Es schmerzt auch, wenn beim Begleiter Tränen hoch kommen und er gar mitweinen muss. Es stellt sich die grundsätzliche Frage an den Begleiter, ob er sich diesem Schmerz stellen und ihn bei sich zulassen will. Dies birgt die Gefahr, dass er u. U. mit dem Leidenden weinen muss.

Tränen sind etwas Schlimmes: Oft ist die Haltung anzutreffen, dass Weinen etwas Schlimmes sei. Wer Tränen auslöst, hat einen Fehler begangen.

Tränen sind nichts Schlimmes. Sie sind einfach nur Ausdruck sehr starker Gefühle. Schlimm ist nur, dass wir damit nicht umzugehen wissen, dass wir damit so hilflos sind.

Im Weinen verarbeiten wir unsere starken Gefühle. Weinen im Leid zu unterbinden bedeutet Trauerarbeit zu verweigern. Wenn im Gespräch über erlebtes Leid Tränen aufkommen, so hat der Begleiter damit keinen Fehler gemacht, sondern den Zugang zur Trauerverarbeitung geöffnet.

Besonders Menschen, die sich selbst kein Weinen erlauben, tun sich schwer, es bei anderen zu ertragen. Wenn ein Leidender in Tränen ausbricht, fühlen sie sich überfordert, zuweilen sogar schuldig. Sie sind der irrigen Meinung, etwas Schlimmes angerichtet zu haben, den Leidenden zum Weinen gebracht und ihm damit neues Leid zugefügt zu haben. Da sie selbst nicht oder kaum weinen, wissen sie nicht um den befreienden Charakter des Weinens.

Falscher Trost *und seine Wirkung*	**Echter Trost** *und seine Wirkung*
Nach Regen gibt es auch wieder Sonnenschein. Dieser Satz tröstet nicht, noch macht er Hoffnung. Er lässt den Leidenden alleine in Schmerz und Gefühlswirrwarr stehen.	**Komm her, und weine dich mal aus.** Dies ist eine starke Einladung, die aktuellen Gefühle auszuleben. Der Leidende wird mit großer Offenheit angenommen und darf sich ausweinen.

Sei keine Heulsuse! **Sei kein Jammerlappen!** Die Begriffe für Männer und Frauen können beliebig ausgetauscht werden. Das Fazit bleibt: Wer weint, ist nicht in Ordnung. Der Leidende wird aufgefordert, das Weinen schnellstmöglich zu unterlassen.	**Weine nur!** Dies ist eine klare Erlaubnis und Bestätigung an den Leidenden, dass er weinen darf. Besonders Menschen, deren Umgebung das Weinen verbietet, bedürfen dieser Aufforderung.
Hab dich nicht so! **Reiß dich zusammen!** Härter kann man Weinen wohl nicht mehr verbieten. Dieses Verbot ist jedoch kein Trost, selbst wenn der Leidende aufhört zu weinen. Im Gegenteil, ihm wurde sogar neues Leid zugefügt.	**Du darfst jetzt auch weinen!** Dies ist eine klare Erlaubnis, dass der Leidende jetzt weinen darf. Er braucht sich nicht zu schämen. Er kann jetzt seinen Tränen freien Lauf lassen.
Was uns nicht umbringt, macht uns nur härter. Dieser Satz ist wahr. Doch was wollen wir mit so vielen harten Menschen? Wo bleiben da unsere Gefühle?	**Wenn man seine Gefühle lebt, kann es weh tun. Gerade gefühlvolle Menschen sind für mich persönlich sehr wertvoll.** Sie erkennen den Schmerz des Leidenden an und drücken Ihre Wertschätzung für den Leidenden als gefühlvollen Menschen aus.

Es ist wichtig, um die Ursache der Tränen zu wissen. Andernfalls sollte nachgefragt werden, um nicht völlig falsch zu trösten.

> Während eines Segnungsgottesdienstes für schwangere Eltern weinte eine Schwangere, als ich ihr zum Segen die Hände auflegte. Ich nahm zunächst an, dass diese Tränen aus lauter Rührung und innerem Berührtsein erfolgt seien. So setzte ich die Liturgie fort. Da die Frau am Ende der Segnungsfeier noch immer so heftig weinte, war ich doch verunsichert. Es musste einen anderen Grund geben, der diese Tränen auslöste. In meinem Kopf waren Vorstellungen von Tot- und Fehlgeburt, die die Frau erleben musste und an die sie nun dachte. Auch könnte es sein, dass ich etwas getan oder gesagt hatte, was diese Tränen

auslöste. Für mich waren es eindeutig Tränen des Leids, da sie nun schon so lange anhielten. Zur Klärung ging ich gleich nach der Segnungsfeier auf diese Schwangere zu und fragte sie: „Habe ich etwas Falsches gesagt oder getan?" Die Frau sah mich mit verklärtem Blick an, der mir schon die Antwort gab. Es folgten die Worte: „Nein, es ist alles in Ordnung. Es war einfach so schön."

5.3.6 Körperkontakt

Umfragen unter verwaisten Eltern haben gezeigt, dass Trauernde zwei Formen der Anteilnahme besonders schätzen: Umarmungen und Zuhören. Erst mit großem Abstand folgen andere Möglichkeiten des Trostes. Dies unterstreicht die große Bedeutung des Körperkontakts beim Trösten.

In unserer Gesellschaft wird es allerdings eher toleriert, wenn eine Frau einen anderen Menschen berührt. Von einem Mann wird eine größere Distanz erwartet. Daher sollten Männer mit Umarmungen vorsichtig umgehen, um nicht missverstanden zu werden.

Es sollte auch nicht so sein, dass Begleiter, die um die große Bedeutung der Umarmung wissen, nun alle Trauernden oder Leidenden gleich umarmen. Der Begleiter muss mit dem nötigen Feingefühl handeln. Auch hier ist manchmal weniger mehr.

5.3.7 Fragen

Im Umgang mit Leidenden sollten Fragen weder Suggestivfragen noch Rechtfertigungsfragen sein. Auch sollten sie keine Unterstellungen enthalten. Statt dessen sollten die Fragen gekennzeichnet sein von Interesse und zur Klärung dienen.

Falscher Trost *und seine Wirkung*	Echter Trost *und seine Wirkung*
Du kommst damit gut zurecht, oder? Das ist eine Suggestivfrage. Allein durch die Art der Fragestellung wird der Leidende unter Druck gesetzt, der Frage zuzustimmen. Schwache Leidende geben dieser Suggestivfrage nach und bestätigen, dass sie gut zurecht kämen. Der „Tröster" ist damit zufrieden. Er muss sich nicht länger mit dem Leid des Leidenden herumschlagen.	**Kann ich irgendetwas für dich tun?** Mit dieser Frage vermitteln Sie dem Leidenden, dass Sie hilfsbereit sind. Er hat nun die Möglichkeit und Freiheit, seine Wünsche und Bedürfnisse zu benennen. Indem Sie Ihre Bereitschaft zum Handeln bekunden, tun Sie dem Leidenden etwas Gutes.
Schön, wie du damit zurecht kommst. Wenn der Leidende zuvor gesagt hat, dass er zurecht kommt, ist es in Ordnung. Es kommt jedoch auch vor, dass dies dem Leidenden unterstellt wird, dass er damit sogar gelobt wird. Damit muss sich der „Tröster" nicht mit dessen Leid beschäftigen.	**Ich würde dir gerne helfen, weiß aber nicht wie.** Dies ist keine direkte Frage, lässt aber den Leidenden wissen, dass Sie ihm gerne helfen würden. In hilflosen Situationen bekunden Sie damit, dass Sie selbst hilflos sind. Sie würden dem Leidenden gerne sein Leiden nehmen, zumindest lindern, aber Sie wissen nicht wie. Auch wenn der Leidende hierauf keine Antwort weiß, so weiß er dennoch, dass es Ihnen ähnlich ergeht, wie ihm selbst. Sie beide stehen dem Leid ohnmächtig gegenüber. Dieses Wissen allein kann tröstenden Charakter haben.
Wie machst du das nur, dass du damit so gut klar kommst? Wenn der Leidende von sich sagt, dass er mit seiner Situation gut klar komme, ist es seine Sache. Andernfalls ist es eine Suggestivfrage. Damit baut der „Tröster" vor, dass der Leidende etwas über sein Leiden erzählt.	**Soll ich dir für die nächsten beiden Wochen die Wäsche mitmachen?** Diese Frage vereinigt die Vorteile: – Sie nennt eine klare Tätigkeit (Wäsche waschen) – Sie begrenzt das Angebot auf (zunächst) zwei Wochen. Um welches konkretes Angebot es sich handelt, ist zweitrangig.

Wer nicht fragt, bekommt keine Antworten. Wer falsch fragt, bekommt nicht die Antwort, die er braucht. Daher ist es wichtig, die Frage klar und unmissverständlich zu stellen, damit man die Antwort erhält, die man wollte.

Wenn Sie mit der Frage ein Hilfsangebot unterbreiten, sollten Sie es klar benennen, damit der Leidende eine möglichst konkrete Vorstellung bekommt, in welchem Rahmen sich dieses Angebot bewegt.

5.3.8 Klagen

Leidende klagen oft „über Gott und die Welt". Sie haben zuweilen auch allen Grund dazu. Auch die Klage Gott gegenüber sollte zugelassen werden.

Einige fromme Menschen fühlen sich zum Anwalt Gottes berufen, wenn ein Leidender gegen Gott klagt. Sie wollen um jeden Preis diese Klage unterbinden, sie sogar mit dem Stempel der Sünde verbieten. Für wie klein halten diese Menschen Gott? Der Gott, an den ich glaube, ist so groß und erhaben, dass ihm nichts Menschliches etwas anhaben kann, selbst wenn die gesamte Menschheit aus tiefer Inbrunst gegen ihn klagen würde.

Falscher Trost *und seine Wirkung*	**Echter Trost** *und seine Wirkung*
Die Gesetze sind nun mal so. Der Leidende soll sich damit abfinden, dass die Gesetze in seinem konkreten Fall auch Unrecht beinhalten. Er wird in seiner Lage alleine gelassen. Damit wird seine Ohnmacht gegen das ungerechte Gesetz noch stärker empfunden. Der Schmerz erhöht sich damit.	**Dieses Gesetz ist schlichtweg ungerecht.** Sie stimmen damit dem Leidenden zu, dass auch Sie dieses Gesetz als ungerecht empfinden. Damit solidarisieren Sie sich mit dem Leidenden. Unabhängig davon, ob Sie sich nun zusammen mit dem Leidenden um eine entsprechende Gesetzesänderung bemühen oder nicht, sie klagen mit Ihrem Urteil über dieses Gesetz dieses an.

Es wird schon seinen Grund haben, dass dir nur soviel zugeteilt wurde. Ob Erbschaft oder Scheidung, der Streit um das Geld ist häufig dabei. Schnell fühlen sich die Menschen zu kurz gekommen. Mit diesem Satz wird der Sachstand als rechtens dargestellt, gegen den der Leidende nicht zu klagen habe. Ihm wird damit das Recht zur Klage versagt.	**So, wie du es mir schilderst, empfinde ich es auch als ungerecht.** Damit stimmen Sie subjektiv dem Leidenden in seiner Klage zu. Sie lassen damit jedoch die Option offen, dass objektiv betrachtet, d. h. unter Berücksichtigung aller Fakten und Gesichtspunkte, die gefällte Entscheidung bzw. das gefällte Urteil doch gerecht ist. So wie es sich aber Ihnen momentan zeigt, empfinden sie es auch als ungerecht. Diese Rückmeldung tröstet.
Gegen Gott hat niemand zu klagen! Hier ist ein Verteidiger Gottes am Werk. Er versucht, jede Klage gegen Gott zu unterbinden. Damit steht der Leidende mit seinem Leid ohnmächtig da und weiß nicht anders damit umzugehen.	**Ich hätte auch eine maßlose Wut gegen Gott, wenn …** Sie bestätigen damit den Leidenden in seiner Klage gegen Gott, denn an seiner Stelle würden Sie es auch so machen. Dies ermutigt den Leidenden, auf diesem Weg weiter zu gehen.
Gegen Gott zu klagen ist Sünde! Der Klage gegen Gott wird noch der Stempel der Sünde aufgedrückt. Dem Klagenden wird damit noch ein schlechtes Gewissen gemacht. Schon die Klagepsalmen, die Klagelieder und die Klagen Ijobs im Alten Testament zeigen, dass Klage eine Form des Gebetes ist.	**Mit einem Gott, der meine Gebete nicht erhört, wollte ich für eine Weile auch nichts zu tun haben.** Sie solidarisieren sich mit dem Leidenden, setzen gleichzeitig die Grenze „für eine Weile". D. h. Sie lassen gleichzeitig die Option offen, dass eine Zuwendung zu Gott wieder möglich ist. Sie schreiben es nicht fest, sondern eröffnen den Blick dafür.

Wenn wir Menschen uns ungerecht behandelt fühlen, haben wir Grund zur Klage. Dieses Recht soll dem Leidenden nicht genommen oder abgesprochen werden, selbst wenn sich seine Klage gegen Gott richtet.

Indem der Begleiter mitklagt, begibt er sich in die Tiefen des Leids, solidarisiert er sich mit dem Leidenden, stellt sich an seine Seite, wird zu dessen Anwalt, verstärkt seine Stimme. Im Idealfall findet der Leidende dadurch Erhörung und erlangt sein Recht.

5.3.9 Entlasten

Leidende stehen unter Leidensdruck. Jede noch so gut gemeinte Forderung und erst recht jede Überforderung von außen erhöhen diesen Druck. Es verschlimmert deren Leid.

Was der Leidende braucht, sind nicht weitere Lasten, sondern Entlastung. Forderungen und erst recht Überforderungen stellen jedoch das Gegenteil dar.

Falscher Trost *und seine Wirkung*	Echter Trost *und seine Wirkung*
Du musst nach vorne blicken. Das Leben geht weiter. Grundsätzlich gilt: Alle Sätze mit „müssen" und „sollen" machen dem Hörer Druck. Sie fordern den Hörer heraus, entsprechend zu handeln oder sich dagegen zu wehren. Besonders Letzteres kostet enorme Kraft, mehr als einfach nur nachzugeben und den Spruch zu ertragen.	**Wenn es dir recht ist, helfe ich dir dabei.** Sie sind bereit, dem Leidenden zu helfen. Sie zeigen, dass Sie am Leid aktiv mittragen wollen. Das ist Entlastung. Der Leidende kann zustimmen oder ablehnen.
Anderen ist das auch schon passiert. Die haben es auch geschafft. Sachlich mag das stimmen, aber wie kamen die anderen z. B. über den Tod eines geliebten Menschen hinweg? So sieht sich der Leidende nur der für ihn unlösbaren Aufgabe gegenüber, es irgendwie zu schaffen.	**Du kannst dich immer an mich wenden.** Sie stellen damit einen Blanko-Scheck der tätigen Hilfe aus. Der Leidende weiß, dass er sich jederzeit an Sie wenden kann, wenn es ihm zu schwer wird. Dies entlastet. Wichtig ist, dass Sie zum gegebenen Wort auch stehen.

Was, du bist noch immer nicht darüber hinweg?
Es ist eine Frage gestellt, aber als Vorwurf gemeint. Sie vermittelt dem Leidenden, dass er nicht o.k. ist. Manchmal wird schon wenige Wochen nach dem Tod eines geliebten Menschen erwartet, die Trauer überwunden zu haben. Witwen und Witwern wird nach Ablauf des Trauerjahres oft jedes weitere Recht auf Trauer abgesprochen. Trauer ist ein Prozess, der bei jedem Menschen individuell verläuft. Es gibt hierfür keine allgemein verbindlichen Richtlinien, wie lange eine Trauer beim Tod eines Menschen dauern darf.

Nur einen Monat nach dem Tod deines … geht man doch noch nicht tanzen!
Die Länge einer Trauer wird nicht nur begrenzt. Zuweilen wird von Trauernden erwartet, dass sie bestimmte Trauerzeiten einhalten. Besonders jungen Menschen wird oft in der Trauerzeit jede Teilhabe an Freude abgesprochen. Witwen und Witwer, die innerhalb weniger Monate nach dem Tod ihres Ehepartners schon einen neuen Partner gefunden haben, werden deswegen oft schief angesehen.
Statt sich darüber zu freuen, dass der Trauernde zumindest zeitweise die Trauer vergisst, wird ihm die Teilhabe an der Freude verwehrt. Damit wird dem Trauernden der Zugang und die Rückkehr zum Leben verwehrt.

Das stehen wir gemeinsam durch!
Sie sagen damit eindeutig, dass der Leidende diesen Weg nicht alleine gehen muss. Sie stehen ihm auf seinem schweren Weg zur Seite, sind ihm Weggefährte. Der Leidende weiß, dass er auf Sie zählen kann. Dieses Wissen entlastet.

Wenn etwas ist, kannst du mich Tag und Nacht auf meinem Handy anrufen.
Sie werden damit zum Netz des Leidenden, in das er sich fallen lassen kann, wenn er abstürzt. Er weiß, da ist ein Mensch, an den kann er sich jederzeit wenden, der nimmt sich Zeit für ihn und hilft ihm weiter, wenn er alleine nicht mehr kann. Auch wenn der Leidende auf dieses Angebot nicht zurück kommt, so vermittelt das Wissen darum Sicherheit und entlastet ungemein.

Reiß dich zusammen! Diese Aufforderung ist für den Leidenden Überforderung und damit größte Last.	**Ich würde dich jetzt gerne umarmen, darf ich?** Eine Umarmung vermittelt das Gefühl von Geborgenheit und Gehaltenwerden. Der Leidende muss nicht stark sein, sondern darf sich fallen lassen.
Du musst kürzer treten, mach mal wieder Urlaub! Denk an deine Gesundheit! Nimm nicht soviel Arbeit an! Einem gestressten Menschen ist damit nicht geholfen. Er gerät nur noch mehr unter Druck, denn es kommen neue Aufgaben hinzu: kürzer zu treten, Urlaub zu machen, nicht so viel Arbeit annehmen ...	**Was macht dir denn diesen Stress? Wie schaffst du nur so viel? Wer oder was könnte dir denn helfen?** Es wird hier zunächst versucht, den Stress zu verstehen. Mit der Frage, wer oder was dem Gestressten helfen kann, wird aufgezeigt, dass man zur Mithilfe an einer Lösung bereit ist.

Viele Versuche des Tröstens gehören in die Kategorie der Belastung für den Leidenden. Es wird ihm weitere Last aufgeladen, die eigentlich als Hilfestellung gedacht war. Der rechte Blick, wie diese Äußerungen vom Leidenden aufgenommen werden, sollte von diesen falschen Hilfen lassen und die Entlastungen wählen.

5.3.10 Zeit lassen

Trauern ist keine sportliche Disziplin, bei der es darauf ankommt, als Erster ins Ziel zu kommen. Trauerarbeit ist keine Akkordarbeit, bei der es darauf ankommt, möglichst schnell die Arbeit hinter sich zu bringen.

Trauern ist ein Gefühl, das vom Menschen Besitz ergreift. Trauerarbeit ist eine Aufgabe, die jeder individuell angeht. Dies sollte im Umgang mit Leidenden immer im Bewusstsein bleiben.

Falscher Trost *und seine Wirkung*	Echter Trost *und seine Wirkung*
Was, du trauerst noch immer? Der „Tröster" hetzt den Trauernden durch seine Trauer. Dieser sollte damit in den Augen des „Trösters" schon mit der Trauer fertig sein.	**Einen geliebten Menschen zu verlieren, schmerzt ewig.** Sie bestätigen damit, dass der Trauernde noch immer trauern darf und dass es für die Trauer kein Ende gibt. Dies schafft Verständnis und tröstet.
Was, du bist noch immer nicht darüber hinweg? Der „Tröster" hetzt auch hier. Der Leidende soll sich mit der Verarbeitung seines Leids beeilen.	**Was du erlebt hast, daran hat man lang zu knabbern.** Sie bestätigen dem Leidenden, dass ihn schweres Leid getroffen hat und dass er für dessen Verarbeitung Zeit braucht, die Sie ihm zugestehen.
Hast du das noch immer nicht vergessen? Der „Tröster" gibt dem Leidenden den Auftrag, das Erlebte zu vergessen. Doch wie soll man schweres Leid vergessen, das man erlebt hat? Erlebtes gehört zum Menschen. Das kann man nicht vergessen.	**So etwas, wie du erlebt hast, vergisst man sein Leben lang nicht.** Sie bestätigen damit dem Leidenden die Schwere des Erlebten. Außerdem nehmen Sie ihm jeglichen Druck, etwas vergessen zu müssen.
Du kannst doch nicht ewig trauern. Du musst wieder ins Leben zurück. Der „Tröster" setzt den Trauernden damit unter Zeitdruck. Der Trauernde soll nicht sein Leben lang trauern, sondern wieder zu dem werden, der er zuvor war. Damit wird die Trauerzeit begrenzt und das Zeitlose einer Trauer nicht zugelassen.	**So wie die Liebe ewig währt, so währt auch die Trauer um einen geliebten Menschen.** Sie stellen damit ein Band zwischen der Liebe zu einem Menschen und dessen Tod her. Beides ist zeitlos, beides ist ewig. Sie nehmen damit dem Trauernden jeden Zeit- und Leistungsdruck, die Trauer zu beenden und schenken ihm die Freiheit ewig zu trauern, so wie er auch ewig liebt.

Dem Leidenden Zeit lassen, bedeutet nicht nur, ihm keine weitere Last der Hektik und des Stresses aufzulasten. Es bedeutet auch, dem Leidenden Zeit für die Aufarbeitung seines Leids zu geben.

5.4 Zuspruch

Dumme Sprüche werden aus verschiedenen Gründen geäußert. Meist steckt dahinter Unwissenheit, was diese Sätze anrichten können. Daher werden einige der dummen Sprüche und die von ihnen ausgelöste Wirkung beim Leidenden nachfolgend genannt. Sie können ein Gespür dafür entwickeln, wie Sie sich einem Leidenden gegenüber besser nicht mitteilen.

Entscheidend ist nicht, was gesagt wurde.
Entscheidend ist, was wirkt.

Falscher Trost *und seine Wirkung*	**Echter Trost** *und seine Wirkung*
Wer weiß, wozu es gut ist. Es gibt zahlreiche Beispiele, bei denen aus Leid etwas Gutes entstand. Diese können im Gespräch durchaus benannt werden. Für sich alleine sind sie jedoch nicht tröstlich. Wissen Sie, worin das Gute in diesem Leid besteht? Wenn Sie meinen, das Gute in seinem Leid erkannt zu haben, können Sie dem Leidenden diese Sichtweise vermitteln? – Wenn nicht, dann streichen Sie solche Sätze aus Ihrem Kopf. Trost ist, wenn man den Leidenden zur Erkenntnis des Guten im Leid führen kann.	**Ich bete für dich.** Leidende verlieren im tiefen Leid zuweilen den Kontakt mit Gott. Sie können nicht mehr beten. Sie glauben nicht mehr an Gott. Für sie gibt es Gott nicht mehr. Es kann dann hilf- und trostreich sein, dass jemand für sie betet. Sie hängen sich gleichsam als Beter zwischen Gott, zu dem Sie beten, und den Leidenden, mit dem Sie sprechen. Indem Sie für den Leidenden beten, kann er vielleicht wieder zum eigenen Kontakt mit Gott zurückfinden.

Ich verstehe dich.
Dieser Satz kann durchaus sachlich richtig sein, doch weiß damit der Leidende nicht, was der andere wirklich verstanden hat. Ist auch ihm ein Kind gestorben? Hat er auch einen geliebten Menschen verloren? Litt auch er unter einer schweren Krankheit?
Besser ist es, vom eigenen Leiden kurz zu erzählen, seine eigenen Wunden zu zeigen, damit der Leidende erkennen kann, dass er verstanden wird.
Hat man jedoch keine ähnlichen Erfahrungen durchlitten, so stellt dieser Satz nur eine billige Phrase dar. Für den Leidenden wird man dann schnell zu einem unglaubwürdigen Gesprächspartner. Damit ist das Gespräch dann bald am Ende.

Ich denk' an dich.
Der Leidende weiß, dass Sie an ihn denken, dass Sie auch in Ihrer Abwesenheit sein Leid mit ihm tragen. Er fühlt sich dann nicht allein, sondern emotional mit Ihnen verbunden.
Hierbei schimmert Ihre Anteilnahme durch. Sie nehmen das Leid des anderen ernst und tragen es auch in seiner Abwesenheit mit.

Die Zeit heilt alle Wunden.
Sachlich mag dieser Satz stimmen. Handelt es sich um den Tod eines Menschen, belegen zahlreiche Beispiele, dass der Trauernde bis an sein eigenes Lebensende getrauert hat.
Mit dieser Äußerung begibt sich der „Tröster" nicht in die Tiefen des Leids, sondern geht oberflächlich darüber hinweg. Er steigt nicht zum Leidenden hinab. Daher kann es auch zu keiner emotionalen Begegnung oder gar Berührung kommen.

Möge die Wunde deines Herzens bald heilen, wenn auch eine Narbe zurück bleibt.
Leid ist eine Verletzung des Herzens. Daher spricht der Volksmund vom „herzzerreißenden Schmerz".
Diese Wunde möge bald heilen, d. h. bald nicht mehr schmerzen. Das Leid hinterlässt zwar eine Narbe, die gelegentlich schmerzt, aber nicht mehr dauerhaft.
Die Verarbeitung des Leids, das Integrieren von Erfahrungen, das Anschauen und Bearbeiten von Verletzungen heilt Wunden.

Wenn du denkst, es geht nicht mehr, kommt von irgendwo ein Lichtlein her. Dieser oft zitierte Spruch kann dem Leidenden durchaus Hoffnung, Halt und Kraft geben. Streng genommen tröstet er nicht, sondern spricht die Hoffnung aus, dass von irgendwo her Trost kommt und alles Schwere sich irgendwann auflöst. Wenn Sie trösten wollen, so geben Sie dem Leidenden nicht diesen Spruch vor, sondern seien Sie ihm dieses Licht, das in seiner Dunkelheit aufleuchtet. Licht in die Finsternis des Leidens zu bringen, das ist Trösten. Wenn man selbst dieses Licht bringen kann, so kann es durch eine kleine Aufmerksamkeit sein, wie z. B. durch eine Blume, eine Postkarte oder ein passendes Buch.	Ich wünsche dir … – gute Besserung. – dass du bald nach Hause kannst. – dass dir Gottes Trost zuwächst. – dass dir die Ärzte helfen können. – **eine Nacht, in der du mal wieder schmerzfrei durchschlafen kannst.** – **dass du das Kapitel dieser Krankheit bald endgültig abschließen kannst.** Wünsche sind auf die Zukunft gerichtet. Sie wenden den Blick weg von der Vergangenheit (z. B. Tod eines geliebten Menschen), weg von der Gegenwart (dem Schmerz des Leidenden) und richten ihn auf die Zukunft. Wünsche sollten nicht utopisch, sondern möglichst konkret sein. So behielten die irischen Reisesegen über 1.300 Jahre lang ihre Faszination, sodass sie noch heute gebetet werden.

Wünsche sollten keine Forderungen enthalten.
Wünsche wie „Ich wünsche dir, dass du die Trauer bald
überwunden hast" enthalten Forderungen und verlieren
damit ihre tröstende Wirkung.

Oft meinen wir, viele Worte machen zu müssen, um zu trösten. Gerade beim Zuspruch ist dies eine irrige Annahme. Oft genügt es, wenige kurze Worte zu sagen, diese aber voller Aufrichtigkeit.

Herrn R., ein Muslim, Mitte 50, war nach monatelanger Chemotherapie klar, dass er an diesem Tag sterben wird. Frau R. war anwesend, als ich den Sterbenden besuchte. Auch sie wusste, dass es die letzten Stunden ihres Mannes sein würden. Ich sprach kurz mit beiden. Herr R. hielt, wie sonst bei meinen Besuchen, auch an diesem Tag die ganze Zeit meine Hand. Zum Abschied sagte ich zu dem Sterbenden: „Auf Wiedersehen, denn ich bin davon überzeugt, dass wir uns wieder sehen werden." – Herr R. sagte nichts. Er sah mich dankend an und drückte mir nur kräftig die Hand, so als ob er damit ausdrücken wollte, dass er sich an diesem Satz während seiner letzten Stunden festhalten wolle. Wir sahen uns noch eine Zeit lang an, dann nickte ich ihm zu und löste den Händedruck. Frau R. wünschte ich beim Abschied, dass Allah ihr beistehen möge. Damit ließ ich das Paar alleine.

5.5 Sinngebung

Es sei hier daran erinnert, dass es beim Trösten weniger darauf ankommt, dass der Begleiter einen Sinn in dem Leid erkennt, sondern der Leidende. Daher sind die hier angebotenen Möglichkeiten mit größter Vorsicht einzusetzen.

Falscher Trost *und seine Wirkung*	**Echter Trost** *und seine Wirkung*
Das wird schon seinen Sinn haben, dass es so gekommen ist. Es wird dem Geschehen ein Sinn zugeschrieben, aber kein Sinn aufgezeigt. Der Leidende wird im Regen stehen gelassen.	**Welchen Sinn kannst du dem Geschehen geben?** Damit begeben Sie sich mit dem Leidenden auf die Suche nach einem Sinn, den der Leidende seinem Geschick geben kann. Sie betätigen sich als „Geburtshelfer" auf der Suche nach dem Sinn.
Du sollst auch wissen, wie es ist, wenn ein Kind stirbt. Es wird fest ein Sinn vorgegeben und dem Leidenden übergestülpt. Mit Bestimmtheit wird er in diese Sinngebung gepresst. Es ist eine Anmaßung, so mit dem Leidenden umzugehen. Woher will der „Tröster" denn wissen, dass dies der Sinn sei?	**Könnte es sein, dass du dich stärker mit dem Sinn des Lebens beschäftigen sollst?** Damit unterbreiten Sie dem Leidenden das Angebot einer Sinngebung, das er annehmen und ablehnen kann. Er kann ausprobieren, ob diese Sinngebung für ihn stimmig ist oder nicht. Er behält seine Souveränität.

Ich habe dir schon immer gesagt, dass du dich körperlich schonen sollst. Das sind Vorwürfe, die den Leidenden nur unnötig belasten. Selbst wenn der „Tröster" sachlich mit der Aussage Recht hat, so ist dies keine Sinngebung, sondern ein Vorwurf.	**Was nimmst du aus dem Geschehen für dich, dein Leben und deinen Glauben mit?** Sie stellen damit indirekt die Frage nach dem Sinn, den der Leidende dem Geschehen gegeben hat.
Alles Schlechte hat auch sein Gutes, man muss es nur suchen und erkennen. Es wird auf das Gute im Schlechten verwiesen, aber es nicht benannt. Der Leidende bekommt die Aufgabe, nach diesem Guten zu suchen und es zu erkennen. Damit steht er unter weiterem Leistungsdruck.	**Hast du dir schon mal Gedanken gemacht, was das Schlechte dir vielleicht auch Gutes gebracht hat?** Sie stellen damit vorsichtig die Frage, ob der Leidende je schon mal in diese Richtung der Sinngebung nachgedacht hat. Wenn nicht, so könnte es ein Thema im Gespräch und ein Impuls zum darüber Nachdenken werden.

Bei der Sinngebung gibt es die Seite des Leidenden und die des Außenstehenden. Für beide kann der gefundene Sinn des Leids gleich sein. Häufig unterscheiden sich die Sinngebungen der beiden Positionen. Es ist kontraproduktiv, den Sinn des „Trösters" dem Leidenden überstülpen zu wollen. Man kann den vermeintlichen Sinn dem Leidenden nur anbieten.

Den Sinn des Leids muss jeder Mensch für sich selbst geben.

5.6 Sonderfall „verwaiste Eltern"

In meiner langjährigen Tätigkeit als Klinikseelsorger ist mir noch kein Thema begegnet, das schwerer auf mir lastet, als der Tod eines Kindes. Ärzte, Sanitäter und Rettungskräfte nimmt es am schlimmsten mit, wenn Kinder zu Schaden kommen. Der Tod von Kindern ist eine besondere Herausforderung an die „Profis" wie auch an die Gesellschaft. Den verwaisten Eltern während des Sterbens und nach dem Tod ihres Kindes in guter Weise beizustehen, ist eine Aufgabe, der sich niemand entziehen kann.

Umfragen unter verwaisten Müttern zeigen deutlich auf, dass viele Menschen sehr wohl bereit sind, den Trauernden beizustehen und sie zu trösten. In der eigenen Hilflosigkeit und weil es niemand besser gelernt hat, werden allerdings Sätze geäußert, die zwar die gute Absicht erkennen lassen, häufig jedoch verletzend wirken.

Falscher Trost *und seine Wirkung*	**Echter Trost** *und seine Wirkung*
Du bist noch jung. Du kannst noch viele Kinder kriegen. Sachlich ist diese Aussage meist in Ordnung, aber nicht mehr bei einer 40-Jährigen, deren Kind starb. Doch diese Worte verletzen auch eine junge Mutter. Sie nehmen die Trauer und den Schmerz nicht ernst, sondern schieben sie zur Seite.	**Ein Kind ist durch nichts zu ersetzen.** Damit bestätigen Sie, dass ein Kind auch durch ein Folgekind nicht ersetzt werden kann. Der Tod wird als solcher anerkannt. Die Trauernden fühlen sich in ihrem Schmerz verstanden. Das tröstet.
Sei nicht traurig. Du hast doch schon zwei Kinder. Faktisch mag dies zwar richtig sein, aber der Mutter oder dem Vater ist dennoch ein Kind verstorben. Um dieses verstorbene Kind trauern sie.	**Deine beiden lebenden Kinder sind kein Ersatz für dein verstorbenes Kind.** Mit solchen Worten wird klar mitgeteilt, dass das verstorbene Kind nicht mit den lebenden Kindern aufgewogen werden kann. Der Tod eines Kindes bleibt bestehen, ob nun lebende Kinder da sind oder nicht.

Sei froh, es war bestimmt behindert. (nach Tot- oder Fehlgeburt) Es wird dem Trauernden vorgeschrieben, was er zu fühlen hat: Freude statt Trauer. Diesen Satz bekommen verwaiste Eltern auch dann zu hören, wenn der histologische Befund eindeutig keine Behinderung bescheinigt. Einige Eltern würden auch ein behindertes Kind annehmen. Für sie ist ein solcher Satz wie ein Schlag ins Gesicht. Darüber hinaus werden mit diesem Satz Behinderte als lebensunwertes Leben abgestempelt.	**Ein Kind zu verlieren ist das Schlimmste, was Eltern passieren kann.** Auf Ursachen und Hintergründe wird nicht eingegangen. Es wird die Tatsache genannt, die den Schmerz auslöst: Eltern ist ihr Kind gestorben. Der Tod eines Kindes wird hiermit nicht nur gewürdigt, es wird ihm sogar der höchste Stellenwert zugewiesen.
Es war ja noch nichts. Damit wird geleugnet, dass hier ein Mensch gestorben ist. Der „Tröster" ist der irrigen Meinung, dass die Trauer und der Schmerz nicht so groß seien, wenn die Existenz eines Kindes bestritten wird. Für die Eltern ist es aber ihr Kind, das gestorben ist. Mit dem Leugnen wird den verwaisten Eltern nur weiteres Leid zugefügt.	**Hast du deinem Kind einen Namen gegeben?** Es ist sinnvoll, den während der Schwangerschaft verstorbenen Kindern einen Namen zu geben, auch den in den ersten 12 SSW verstorbenen Kindern. Damit wird es eindeutig als Kind anerkannt. Dies tröstet die trauernden Eltern. Gleichzeitig bietet es den Vorteil, dass das Kind beim Namen genannt werden kann. Es muss nicht mehr als „deine Totgeburt" oder „deine Fehlgeburt" umschrieben werden. Dies erleichtert das Sprechen über das verstorbene Kind.

Es war ja nur ein Zellhaufen.	**Hast du Bilder von deinem Kind?**
Damit wird zwar anerkannt, dass da etwas war, aber dieses Etwas wird zum Zellhaufen degradiert. Die Existenz eines Kindes wird damit aberkannt. Dies verletzt die verwaisten Eltern sehr. Dieses Verhalten erfolgt nicht nur in den ersten 12 SSW. Eine verwaiste Mutter musste sich diesen Spruch anhören, nachdem sie ihre Kind im 7. Schwangerschaftsmonat tot geboren hatte.	Von tot geborenen Kindern (ab der 13. SSW) werden in den meisten Kliniken Fotos gemacht. Damit erhalten die verwaisten Eltern Erinnerungen an ihr verstorbenes Kind, auf die sie immer wieder zurückgreifen können. Nach diesen Bildern zu fragen, bekundet Einfühlungsvermögen für das Thema Stillgeburt und Interesse für das Einzelschicksal. Verwaiste Eltern zeigen verständnisvollen Menschen gerne die Bilder ihrer tot geborenen Kinder.
Gott alleine weiß, warum er euch das Kind nicht gab.	**Hier begegne ich einem Gott, den ich nicht verstehe.**
Damit wird das Bild eines strafenden Gottes vermittelt, der den Menschen wegen seiner Verfehlungen bestraft. In der Folge fühlen sich verwaiste Eltern schuldig am Tod ihres Kindes. Bereits vorhandene Schuldgefühle, die zumeist völlig unbegründet sind, werden damit verstärkt. Nehmen verwaiste Eltern das Gottesbild eines strafenden Gottes an, so wird ihnen damit gleichzeitig der barmherzige Gott genommen, an den sie sich in ihrer Not wenden können.	Dies ist ein Glaubensbekenntnis. Sie bekennen damit, dass Sie nicht an einen strafenden Gott glauben. Sie geben damit auch zu, dass Sie, wie die verwaisten Eltern, keine Antwort auf das Warum haben. Damit solidarisieren Sie sich mit den verwaisten Eltern, was von denen tröstlich erfahren wird.

Gott hat dein Kind mehr geliebt als du. Daher nahm er es zu sich. Diese Vorstellung soll dem Trauernden suggerieren, dass das Kind in der Liebe Gottes geborgen ist, die größer ist als die elterliche Liebe. Was jedoch bei den verwaisten Eltern meist ankommt, ist der Vorwurf, das eigene Kind nicht genug geliebt zu haben. Damit werden nicht vorhandene Schuldgefühle geweckt und vorhandene noch weiter verstärkt.	**Ich weiß auch nicht, warum Gott so etwas zulässt.** Dieser Satz ist zwar keine Antwort auf die Warum-Frage, aber damit solidarisieren Sie sich mit den Trauernden. Sie stehen genauso rat- und hilflos da und wissen keine Antwort. Das verbindet und tröstet.
Du bist doch selbst daran schuld. Viele Frauen, die einen SSA vornehmen ließen, trauern um ihr abgetriebenes Kind. Mitunter trifft dies auch zu, wenn sie selbst – d. h. ohne Fremdeinwirkung – diese Entscheidung getroffen haben. Eine Frau beschrieb ihre Situation so: „Ich hatte zwischen zwei falschen Entscheidungen zu wählen." Wer Schuldzuweisungen vornimmt, schützt sich nicht nur vor dem Leid des anderen. Er fügt diesen Trauernden dazu noch neues Leid zu. Schuldzuweisung ist die schlimmste Form der Negierung des Leids. Nicht nur, dass der Schmerz als solcher nicht anerkannt wird, der Trauernde wird dazu noch zum Schuldigen gestempelt.	**Es ist hart, wenn man sich gegen sein Kind entscheiden muss. Es tut weh, wenn man erkennen muss, dass man sich selbst in diese Situation gebracht hat.** Dem Trauernden wird damit mitgeteilt, dass man nicht nur das aktuelle Leid sieht, in dem der Trauernde momentan steckt, sondern dass man auch die Vorgeschichte im Blick hat, die zu diesem Leid geführt hat. Es erfolgt keine Schuldzuweisung, obwohl sich der Trauernde mitunter schuldig fühlt. Durch diese offene Haltung des Begleiters wird der Trauernde dazu ermutigt, auch über seine Schuldgefühle zu sprechen. Er kann nach diesen Worten davon ausgehen, dass der Begleiter gegenüber dem Trauernden keine Schuldzuweisung vornimmt. Trösten heißt, keine Schuldzuweisungen vorzunehmen, sondern Anteil zu nehmen.

Ich habe in meiner seelsorglichen Tätigkeit gelernt, auf die theologisch-philosophische Frage nach dem Warum meine Unwissenheit offen einzugestehen. Zum einen nimmt es mir den Leistungsdruck, auf diese Frage eine Antwort zu haben. Zum anderen ist es auch ehrlich. Ich habe hierauf keine Antwort. Wie dies bei verwaisten Eltern ankommt, soll das am 11.12.2006 erhaltene E-Mail aufzeigen:

> Sehr geehrter Herr Schäfer,
> ich bin an einem Punkt angelangt, an dem ich jeden Glauben verloren habe. Ich habe heute erfahren, dass auch mein drittes Kind die 11. Woche nicht überlebt hat. Keiner kann mir eine Antworte geben. Alle wollen am Telefon ganz schnell auflegen, weil sie nicht wissen, was sie sagen sollen. Beim ersten Mal sagen noch alle: ‚Ach das passiert schon mal.' Beim zweiten Mal können sie es kaum noch glauben. Alle haben das gute Gefühl, dass beim dritten Mal dann alles gut geht, denn schließlich sind alle guten Dinge drei. Aber wenn auch das dritte Kind tot ist, weiß keiner mehr was und kann es auch gar nicht glauben.

Diese verwaiste Mutter erlebte das, was die meisten in diesen Situationen erfahren: Sie werden mit Floskeln und dummen Sprüchen abgefertigt. Der damit ausgelöste Schmerz wurde hier von der verwaisten Mutter nicht beschrieben.

Was jedoch bei diesem Beispiel klar und deutlich heraustritt, das ist der Wahrheitsgehalt dieser Sprüche:
Beim ersten toten Kind wird es als Nichts abgetan.
Beim zweiten toten Kind wird auf das dritte vertröstet.
Beim dritten toten Kind fühlen sich die „Tröster" der Unwahrheit ihrer Worte überführt und meiden den Kontakt zur verwaisten Mutter. Sie haben nun keine Worte mehr, sind sprachlos.
Hilfreich und tröstlich wäre es gewesen, wenn diese Menschen ihre Sprachlosigkeit schon beim ersten toten Kind eingestanden hätten.

Diese Beispiele zeigen, dass Sie verwaisten Eltern und ihrer Trauer nicht hilflos gegenüber stehen müssen. Nach Möglichkeit sollten Sie vor allem auf folgende Punkte achten:
- Sie sollten nicht trösten wollen, sondern nur Anteilnahme bekunden.
- Sie sollten das verstorbene Kind als Kind anerkennen.
- Sie sollten Warum-Fragen mit dem Eingeständnis der Unwissenheit beantworten.
- Sie sollten auch sonst keine Antworten geben, sondern mithelfen, eine Antwort zu finden.
- Sie sollten mit den Themen Schwangerschaft und Neugeborene behutsam umgehen.
- Sie sollten keine Vergleiche des Leids anstellen (größer, kleiner), sondern nur von eigenen Erfahrungen sprechen.
- Sie sollten Leid als solches stehen lassen, auch wenn Sie es nicht verstehen.
- Sie sollten das Kind nicht vergessen, sondern die Eltern immer wieder darauf ansprechen.

6. Häufige Fehler beim Trösten

Neben den dummen Sprüchen gibt es eine Reihe von Fallen, in die der „Tröster" beim Versuch des Tröstens tappen kann. Auch hier gilt: Die genannten Beispiele erheben keinen Anspruch auf Vollzähligkeit. Sie geben einen Einblick, welche Fehler vorkommen und wie man sie vermeiden kann.

Um sich wirksam vor solchen Fehlern und Fallen zu hüten, muss man zunächst um die Fehler und Fallen als solche wissen, man muss sie in der Situation erkennen und man muss Vermeidungsstrategien und Auswege kennen.

Es schadet keiner Begleitung, wenn erkannte Fehler offen angesprochen werden. Sie fördern sogar das Vertrauen, weil zu den Fehlern gestanden wird. Sie werden nicht abgestritten oder unter den Teppich gekehrt, sondern offen zugegeben und hoffentlich in konstruktiver Weise angegangen.

6.1 Entmündigung

Der wohl gravierendste, damit folgenreichste und auch häufigste Fehler beim Trösten ist die Entmündigung. Wie das Wort selbst schon ausdrückt, hat der Leidende in der Tat nichts zu sagen, hat keine Stimme mehr. Der „Tröster" bestimmt, was zu tun und zu lassen ist. Der Leidende darf seine Wünsche nicht äußern. Stattdessen bestimmt der „Tröster" über ihn.

Meist reagieren „Tröster" lösungsorientiert, wenn sie einem Leidenden begegnen. Schnell sind sie mit ihren Gedanken auf der Suche nach einem Weg, damit der Leidende ein Ende seines Leidens findet.

Dabei gibt es in der Bibel ein schönes Beispiel, wie der Leidende nicht entmündigt wird. Es handelt sich um die Heilung des Blinden bei Jericho (Mk 10,46–52; Lk 18,35–43): Als Jesus mit einer Menge von Leuten an dem an der Straße sitzenden Blinden vorbei kommt, fleht ihn dieser um Erbarmen an. Jesus ruft ihn zu sich her. Das Weitere beschreibt Markus so:

> *Und Jesus fragte ihn: Was soll ich dir tun? Der Blinde antwortete: Rabbuni, ich möchte wieder sehen können.*
> (Mk 10,51)

Man erkennt einen Blinden an der tastenden Art seines Gehens. Trotz der offensichtlichen Blindheit sagt Jesus zum Blinden nicht: „Ich sehe, du bist blind. Da mache ich dich mit einem Wunder schnell sehend." Jesus nimmt den Leidenden in seiner Gesamtheit ernst und fragt ihn daher: „Was soll ich dir tun?"

Vor der Falle der Entmündigung schützt am wirksamsten, den Leidenden zu fragen, was Sie für ihn tun können, statt ihm bevormundend zu sagen, was er tun oder lassen soll, um sein Leid zu lindern.

Herr D., ein Patient, der sechs Monate lang auf der Intensivstation lag, wurde auf Normalstation verlegt. Als ich ihn dort am nächsten Tag besuchte, waren seine ersten Worte: „Ich schaffe das nicht. Ich komme hier nicht wieder raus." Völlig deprimiert lag er im Bett. Trotz dieser Verlegung sah er für sich keine Hoffnung. Aus früheren Gesprächen wusste ich, dass er keinen Appetit hatte, für ihn alles gleich schmeckte, da seine Geschmacksnerven verrückt spielten. Selbst Schokolade hatte für ihn den Geschmack verloren, er empfand sie nur noch als scharf.
Ich fragte ihn, was er sich denn zum Trinken und zum Essen wünsche, damit er wieder zu Kräften komme. Rasch antwortete er: „Ich möchte gerne Fanta trinken und zwei Äpfel essen." Beides brachte ich ihm am nächsten Tag. Die Frage, ob er denn alleine auf einem Stuhl sitzen könne, bejahte er. „Ich würde Sie gerne im Rollstuhl in den Innenhof mitnehmen, damit Sie nach den vielen Monaten der grauen Wände auch einmal wieder Blumen und Natur sehen." Das Strahlen seiner Augen war mir Antwort genug. Ich setzte noch eins drauf und fragte weiter, ob er denn 2½ Stunden sitzen könne. Noch etwas verunsichert, was ich denn damit wolle, sagte er, dass er dies könne. „Herr D., ich würde mit Ihnen gerne nächste oder übernächste Woche in ein nahegelegenes Kino gehen. Hierzu müssten Sie jedoch mindestens 2½ bis 3 Stunden sitzen können. Da Sie der Meinung sind, das zu schaffen, frage ich Sie: Wollen Sie mit mir ins Kino?" Herr D. traute seinen Ohren nicht und sagte: „Sehr gerne gehe ich mit, aber ist das denn möglich?" Ich antworte ihm: „Vor Jahren

unternahm ich das schon einmal mit einer Patientin. Somit müsste das mit Ihnen jetzt auch gehen." Weiter fragte ich nach, welche Art von Filmen er denn gerne sehe. Herr D. antwortete: „Ich sehe gerne Filme, die etwas mit unserem Leben zu tun haben." Ich sagte ihm zu, dass ich mich um das Kinoprogramm kümmern und es ihm sagen würde. Nach diesem Gespräch war in Herrn D. wieder Lebenswille zurückgekehrt.

Ich achtete bei allen meinen Angeboten darauf, dass Herr D. sie annehmen, aber auch ablehnen konnte. Er hatte bei allen Punkten die freie Entscheidung. Die Wirkung des relativ kurzen Gespräches war enorm. Herr D. fasste nicht nur wieder Lebensmut, er hatte zu seinem großen Ziel der Entlassung zwei Zwischenziele, den Ausflug in den schönen Innenhof der Klinik und den Kinobesuch. Auf diese Zwischenziele hin trainierte Herr D. das lange Sitzen im Stuhl. Er arbeitete damit wieder aktiv an seinem Genesungsprozess mit.

6.2 „Ich, das Maß aller Dinge"

Einige „Tröster" meinen, das Maß aller Dinge zu sein. Sie sind davon überzeugt, zu wissen, was dem Leidenden gut tut, was ihn tröstet.

So wie wir beim gepflegten Essen darauf achten, was dem anderen schmeckt, sollte beim Begleiten darauf geachtet werden, was dem Leidenden gut tut. Er und seine Wünsche und Bedürfnisse sollten in den Blick genommen werden.
Wenn dies beim Krankenbesuch beachtet wird …
- … dann wird nicht ständig in forderndem Ton zum Patienten gesagt: „Nun mach doch die Augen auf und schau uns an!"
- … dann wird nicht zum müden Kranken vorwurfsvoll gesagt: „Jetzt sind wir eigens zu Besuch gekommen, nun sprich doch mit uns!"
- … dann wird nicht der eingeschlafene Patient von seinem Besuch ständig wachgerüttelt, damit dieser seinen Kommentar zu einem Thema sagen kann, das ihn momentan überhaupt nicht interessiert.
- … dann diskutieren und unterhalten sich die Besucher nicht lebhaft und lautstark vor dem ermattet eingeschlafenen Kranken.

– ... dann wird einem Sterbenden nicht in scharfem Ton gesagt: „Nun reiß dich zusammen! Du schaffst das schon."

Die Liste dieser Beispiele ließe sich noch lange fortsetzen. Solches Verhalten erfolgt immer wieder.

6.3 Diskussionen

Diskussionen sind weitere gefährliche Fallen des Tröstens. Die Gründe, die uns zu Diskussionen verleiten, sind sehr verschieden. Ist man jedoch erst ins Diskutieren geraten, so raubt es Kraft und vergiftet häufig die Beziehung. Dabei benötigt der Leidende Kraftquellen zum Auftanken. Zudem erfolgt Trost nie in einer schlechten Beziehung. Damit wirken Diskussionen auf zwei Ebenen allen Versuchen des Tröstens entgegen und sollten tunlichst unterlassen werden.

Es gibt verschiedene Situationen, die „Tröster" zum Diskutieren mit dem Leidenden verführen können:

Unverständnis

„Wie kann eine Frau um ihr Kind trauern, das sie hat abtreiben lassen?" – Nicht wenige Frauen trauern um ihr abgetriebenes Kind. Diese Trauer stellt sich schon gleich nach dem Schwangerschaftsabbruch ein, oder auch Wochen, Monate oder Jahre später. Die auslösenden Ereignisse können sehr unterschiedlich sein, das Resultat ist immer das Gleiche: Die Frau trauert um ihr abgetriebenes Kind. Diese Trauer kann ihr niemand absprechen. Wer es dennoch versucht, sollte sich darüber im Klaren sein, dass er sich damit selbst schützen möchte. Er will nicht mit der Trauer dieser Frau konfrontiert werden und spricht ihr daher das Recht auf diese Trauer ab.

„Wie kann sie nur um das Kind trauern, das schon während der Schwangerschaft verstarb?" – Für viele Menschen beginnt das Menschsein erst mit der Geburt. Doch in China gibt es den Spruch: „Wenn ein Mensch geboren wird, ist er schon neun Monate alt." Dieser Spruch drückt aus, dass das Menschsein vor der Geburt beginnt. Spätestens dann, wenn die Mütter auf dem Ultraschall das Herz ihres Kindes

schlagen sehen (ab der 6. Schwangerschaftswoche), sprechen sie von ihrem Kind. Wenn es stirbt, trauern sie um dieses Kind, das sie erwartet haben.

„Was trauert sie derart lang um das eine Kind, hat sie doch noch zwei lebende Kinder?" – Nicht einmal in der Arbeitswelt ist jeder Mensch durch einen anderen ersetzbar. Menschen lassen sich nicht gegeneinander aufrechnen.

„Wie kann man nur um einen Menschen trauern, der einem das Leben so zur Hölle gemacht hat?" – Auch wenn dieser Mensch ein Ekelpaket war, so kann der Hinterbliebene dennoch um ihn trauern. Trauer ist ein Gefühl, auf das wir keinen Einfluss nehmen können. Wir können nur unterschiedlich damit umgehen.

„Bei dem Alter und dem Leiden kann man doch nur froh sein, dass er hat sterben können?" – Gleichgültig wie alt ein Mensch wurde, egal wie lange und wie schwer er vor dem Tod gelitten hat, es ist ein Mensch gestorben. Damit erleiden die Hinterbliebenen einen Verlust, um den sie trauern.

„Wie kann man nur so wehleidig sein?" – Die Fähigkeit, Schmerzen zu ertragen, ist sehr unterschiedlich ausgeprägt. So wollen manche Menschen vom Zahnarzt schon eine Spritze, wenn dieser nur den Zahnstein entfernt. Andere Menschen wollen noch nicht mal eine Spritze, wenn der Zahnarzt bohrt oder gar einen Zahn ziehen muss. So sollte einem jeden Menschen seine ihm eigene Empfindlichkeit belassen werden.

Andere Erfahrungen

Verschiedene Personen können beim Betrachten gleicher Objekte zu unterschiedlichen, ja sogar zu sich widersprechenden Aussagen kommen. Beide Aussagen können völlig richtig sein. Das liegt am unterschiedlichen Erfahrungshintergrund und an unterschiedlichen Perspektiven, die die Betrachter einnehmen.

Wenn der Leidende nach seiner Überzeugung eine leidvollere Erfahrung gemacht hat als der Begleiter, dann sollte dies zunächst als Fakt angenommen werden. Dennoch können Begleiter ihre eigenen Erfahrungen tröstend einbringen, etwa in der Weise wie z. B.: „Es tut mir sehr leid, dass bei Ihnen die Herzkatheteruntersuchung nicht so reibungslos erfolgte wie bei mir."

Damit drücken Sie Ihr Bedauern aus, dass der Leidende nicht auch so gute Erfahrungen gemacht hat wie Sie. Außerdem offenbaren Sie dem Leidenden, dass Sie ein Leidensgenosse sind, wenn auch mit besseren Erfahrungen.

Jemanden in Schutz nehmen

Leidende klagen oft gegen Gott und die Welt. Manche Menschen können solche Vorwürfe nur schwer ertragen. Sie machen sich zum Anwalt des Beschuldigten und verteidigen ihn gegen die Angriffe des Leidenden.

Ob berechtigt oder unberechtigt, dem Leidenden hilft es in seiner Not, dieser Klage Ausdruck zu verleihen. Er befreit sich ein Stück weit von der Last seines Leids. Diese Befreiung sollte dem Leidenden nicht verweigert werden.

Es ist beim Trösten unwichtig, ob der Begleiter das Leid nachvollziehen kann oder ob er andere Erfahrungen gemacht hat: Der Leidende leidet. Dies sollte auf jeden Fall akzeptiert werden, wenn man trösten will.

Selbst im Fall schwerer – auch unberechtigter – Vorwürfe gegen wen auch immer sollte zunächst die Klage des Leidenden mitgetragen werden.

Wenn die Klage gegen Gott gerichtet ist, kann sogar in diese Klage mit eingestimmt werden. Gott ist so groß und erhaben, ihm schadet es nicht, selbst wenn die gesamte Menschheit auf einmal klagen würde. Für den Leidenden ist es hingegen tröstlich, wenn er in seiner Klage Unterstützung und Beistand findet.

6.4 Betäubung des Leids oder der Trauer

Es gibt eine Reihe falscher Tröster. Einige von ihnen werden von der Gesellschaft geduldet, mitunter Leidenden sogar empfohlen. Ziel sollte es sein, diese falschen Tröster gesellschaftlich nicht nur zu meiden, sondern sie zu ächten.

Arbeit

Besonders Männer – aber auch (berufstätige) Frauen – flüchten in ihrer Trauer und ihrem Schmerz in die Arbeit. Diese lenkt ab, erfordert es, gedanklich bei der Arbeit zu sein, verhindert das ständige Denken an den Tod des geliebten Menschen und verhindert damit auch die Trauerarbeit.

Für Berufstätige ist es zwar wichtig, dass sie weiterhin ihrer Arbeit nachgehen, von deren Einkommen sie leben. Für sie ist es jedoch genauso wichtig, Freiräume zu besitzen, in denen sie trauern dürfen, in denen sie Trauerarbeit leisten.

Medikamente

Medikamente sind oft wertvolle und unersetzliche Helfer im Leid, so z. B. in der Schmerztherapie. Sie können jedoch auch die Aufarbeitung des Leids verhindern. Am deutlichsten wird dies bei der Trauerarbeit, wenn über Monate ständig Medikamente eingenommen werden, um den Schmerz der Trauer nicht zu spüren. So kann kaum eine Trauerarbeit erfolgen.

Alkohol

„Wer Sorgen hat, der hat auch Likör" ist ein Spruch, der immer wieder zu hören ist. Wenn man kleinen Ärger hat, dann „spült man ihn runter", so der Ausdruck des Volksmunds. Es handelt sich hierbei in der Regel um geringe Mengen von Alkohol, die nicht besorgniserregend sind, so erscheint es uns. Wer jedoch nach diesen Devisen lebt, zeigt eindeutig ein Suchtverhalten. Er/sie reagiert auf erfahrenes Leid immer nach dem gleichen Prinzip: Erfahrenes Leid führt zum Griff zum Alkohol. Damit wird der aktuelle Schmerz umnebelt. Man spürt ihn nicht mehr so deutlich. Mit zeitlichem Abstand nimmt er sowieso ab.

Bei großem seelischem Schmerz, wie es der Tod eines geliebten Menschen darstellt, sind größere Mengen Alkohol notwendig, um den Schmerz zu lindern. Der Volksmund kennt hierfür den Ausdruck: „Ich ertränke Kummer und Sorgen im Alkohol." Damit ist schon ausgedrückt, dass große Mengen von Alkohol notwendig sind, um diesen Schmerz zu „ertränken". Das Schlimme ist jedoch, dass man nach der Ausnüchterung noch immer um den Verstorbenen trauert. Die Folge ist, dass man den Schmerz wieder in Alkohol „ertränken" muss. Hieraus entsteht die Notwendigkeit eines ständigen Alkoholpegels, damit das Leben für einen erträglich ist. In diesem Zustand ist man dann AlkoholikerIn. Damit ist ein neues Problem geschaffen.

Wer seinen Schmerz und seine Trauer mit Alkohol runter spülen oder gar darin ertränken will, der schafft sich nicht nur das Problem der Alkoholsucht. Er/sie trauert auch nicht und leistet damit keine Trauerarbeit. Er/sie bleibt auf diesem Stand der Trauer stehen, was auch dazu führt, dass der Leidensdruck nie abnimmt, sich nie wandeln wird.

Drogen

Noch vernichtender als Alkohol sind Drogen. Der Teufelskreis von Betäubung des Schmerzes und unterlassener Trauerarbeit ist aber der Gleiche wie beim Alkohol.

Alkohol und Drogen jeglicher Art sollten im Umgang mit Leid gesellschaftlich geächtet werden, da sie nur neues Leid schaffen. Arbeit und Medikamente können dagegen in der Akutphase des Leids wertvolle Hilfen sein. Sie sollten jedoch nicht dauerhaft im Umgang mit Leid eingesetzt werden, da damit eine Aufarbeitung des Leids verzögert oder gar verhindert wird.

Wenn Sie erkennen, dass ein Leidender nach Monaten sich noch immer mit falschen Tröstern blockiert, sollten Sie ihn in möglichst offener Weise ansprechen. Dies heißt nicht, dass Sie ihm sagen „arbeite nicht so viel" oder „lass die Medikamente weg, sie verhindern nur die Trauerarbeit". Vielmehr sollten Sie Formulierungen wählen wie „ich nehme wahr, dass du noch immer so viel arbeitest" oder „ich sehe, dass du noch immer die Tabletten nimmst". Durch diese offene Weise kann sich daraus ein Gespräch entwickeln, an dessen Ende ein freiwilliges Loslassen von den falschen Tröstern stehen kann.

6.5 Zusprechen statt Zuhören

Befragungen unter Trauernden ergaben, dass sie sich nichts sehnlicher wünschen, als dass ihnen zugehört wird. Daraus folgt, dass Zuhören die Nummer 1 des Tröstens ist.

„Tröster" wissen nicht um diese wichtige Rolle des Zuhörens. Ihnen ist dies zu wenig. Ihnen erscheint Zuhören als passive Tätigkeit. Aktives Zuhören ist ihnen nicht bekannt. Sie wollen eigene Gedanken zu dem Gespräch beisteuern, von denen sie annehmen, dass sie dem Leidenden helfen. Mitunter reden sie dabei in ihren zu Monologen ausufernden Beiträgen so viel, dass der Leidende in der Flut der Worte zu ertrinken droht. Erkennbar ist eine solche Situation daran, dass der Leidende immer schweigsamer wird; er hat vielleicht schon längere Zeit nichts mehr gesagt und den Blickkontakt zum Tröster abgebrochen.

Den begangenen Fehler offen einzugestehen, besonders dann, wenn das Zusprechen sehr gravierend war, kann die Situation retten. Bei einer milderen Form des Entgleitens kann man das Gespräch an den Leidenden zurückgeben. Man nimmt sich im weiteren Gesprächsverlauf stärker zurück und legt das Augenmerk verstärkt auf das aktive Zuhören.

6.6 Zusprechen statt Zuspruch

„Tröster" wollen dem Leidenden Zuspruch schenken. Sie wollen ihm zusprechen, dass alles wieder gut wird. Sie wollen ihm damit Hoffnung schenken oder auch eine andere Sichtweise aufzeigen. Allzu leicht kommen sie vom Zuspruch zum Zusprechen.

Begleiter laufen immer wieder Gefahr, diesen fließenden Übergang zu übersehen und damit die Wirkung des anfänglichen Trostes zu zerstören. Zuspruch sollte ein zugesprochener Satz sein, der nicht zerredet werden sollte.

Es ist wichtig, bei allem Mitgefühl das eigene Verhalten im Gespräch immer wieder zu überprüfen. Erkennt man einen zu hohen eigenen Gesprächsanteil, ist es höchste Zeit, sich zurückzunehmen. – Trösten ist vor allem Zuhören, weniger das Zureden.

7. Kleine Gesten, die Leidenden guttun

7.1 Einladungen aussprechen

Einladungen gehören zu den wirksamsten Tröstungen, nachdem der Schock des Leids halbwegs überwunden ist. Sie verbinden mehrere Vorteile:

Offenheit, Freiheit
Jede Einladung beinhaltet die Offenheit, dass sie auch abgelehnt werden darf. Damit übt sie keinen weiteren Druck auf den Leidenden aus, sondern unterbreitet ihm ein Angebot. Die Ablehnung einer Einladung bedeutet keine Zurückweisung des Einladenden, sondern nur eine Ablehnung der Einladung. Die Gründe können verschieden sein. Vielleicht handelt es sich einfach nur um den falschen Zeitpunkt. Das Angebot wird vielleicht wenige Tage später oder in einem anderen Kontext vorgetragen, dankend angenommen.

Von Passivität zur Aktivität
Jede Einladung bietet dem Leidenden eine Möglichkeit zum Handeln an. So kommt der Leidende aus der Rolle des passiv Ertragenden in die Rolle des aktiv Handelnden. Für die Zeit dieser Aktivität vergisst der Leidende meist sein Leid. Es ist somit eine punktuelle Rückführung des Leidenden zum Leben.

Rückführung zum Leben
Besonders wirksam sind die Einladungen zu Handlungen, die der Leidende vor seinem Leid ausübte. Damit wird der Leidende für Minuten und Stunden wieder einem Lebensgefühl zugeführt, das ihn zuvor erfüllte. Im Idealfall gewinnt der Leidende wieder Sehnsucht nach diesem Lebensgefühl und findet selbst Wege, um diese Sehnsucht zu stillen. Er bedarf dann nicht mehr der Hilfen, sondern vermag selbst wieder zu diesem Leben zurückzufinden.

7.2 Zusagen einhalten

Für Leidende ist es wichtig, dass gegebene Zusagen eingehalten werden. Dies vermittelt ihnen Sicherheit in einem Meer der Unsicherheit.

Versprechen wie „Ich besuche dich nächste Woche" oder „Ich rufe dich morgen wieder an", sollten unbedingt eingehalten werden.

Angebote wie „Du kannst mich jederzeit anrufen" sollten auch jede Tages- und Nachtzeit meinen, nicht nur die Stunden, an denen die Sonne scheint. Andernfalls sollte das Angebot lauten: „Du kannst mich tagsüber immer anrufen".

Bei begrenzten Angeboten sollten diese Grenzen auch klar genannt werden. Diese dienen dem Leidenden als Orientierungshilfe. Er weiß damit, was er erwarten kann und was nicht. Damit fallen Enttäuschungen weg, die sich aufgrund falsch verstandener Angebote und Zusagen ergeben.

Lieber eine kleine Zusage, die eingehalten wird,
als eine große Zusage, die nicht so gemeint war.

7.3 Verwöhnen

Verwöhnen ist immer aktives Handeln zum Wohle des Leidenden, was über den sonstigen Umgang hinaus geht. Verwöhnen besitzt eine sehr große Bandbreite:
- Den Leidenden in den Arm nehmen und halten.
- Den Leidenden ausweinen lassen.
- Zum Leidenden zärtlich sein und ihn streicheln.
- Den Leidenden zum Essen einladen.
- Dem Leidenden einen Gutschein für ein Wellnessbad schenken.
- Mit dem Leidenden in Urlaub fahren.
- Dem Leidenden eine Urlaubsreise schenken.

Das Verwöhnen sollte jedoch immer einen (unerfüllten) Wunsch des Leidenden erfüllen. Wenn der Leidende nach dem „Geschenk" keine Sehnsucht hat, wurde bei der Wahl danebengegriffen.

Ein 50-jähriger Witwer erinnert sich sieben Jahre nach dem Tod seiner Frau an ein solches Geschenk des Verwöhnens:
Was mich damals am meisten getröstet hat:
- ein Gutschein für die goldene Gans (Gaststätte)
- Weihnachtsplätzchen
- jedes Angebot der Gemeinschaft – solange ich dabei nicht in Terminnot gekommen bin.

Wie dieses Beispiel zeigt, muss man nicht selbst beim Akt des Verwöhnens mit anwesend sein. Es genügt, hierzu den Impuls gegeben zu haben.

8. Grenzen des Tröstens und der Begleitung

8.1 Vamps und andere Unwesen

Es gibt nicht nur die Leidenden, die froh und dankbar sind, wenn sie besucht werden. Es gibt auch die Vamps, die den Vampiren gleich versuchen, dem Begleiter die letzte Lebenskraft heraus zu saugen. Dies machen sie nicht in böser Absicht, sondern weil sie die Vorstellung haben, dass ihnen dies hilft, dass ihnen das wieder Kraft gibt. Bewusst oder unbewusst ist bei ihnen die Vorstellung vorhanden, dass sie zu Kräften kommen, wenn sie dem Begleiter seine Kraft nehmen. Dass dies ein Trugschluss ist, braucht ihnen im Leid nicht aufgezeigt zu werden. Wichtig für den Begleiter ist jedoch, dass er sich vor diesem Verhalten wirksam schützt.

Dieses kräfteraubende Verhalten eines vampartigen Leidenden kann verschiedene Erscheinungsformen haben. Wichtig ist, diese zu erkennen und sich dagegen zu wappnen. Die folgende Auflistung erhebt wie immer keinen Anspruch auf Vollständigkeit, sondern zeigt die Vielgestaltigkeit und zuweilen auch Subtilität dieses kräfteraubenden Verhaltens auf:

– *Besitzansprüche*
„Komm bald wieder!" – Dies nicht als Bitte, sondern als Forderung ausgesprochen, löst bei jedem unangenehme Gefühle aus. Oft können wir sie nicht näher benennen. Der Leidende meint, Besitzansprüche an den Begleiter stellen zu können, weil dieser seine Tätigkeit beruflich oder auch ehrenamtlich ausübt.
Auch wenn die Tätigkeit des Begleitens beruflich erfolgt, hat der Leidende keinen absoluten Anspruch hierauf. Jeder Begleiter kann zu einem Leidenden sagen, dass er sich bitte an einen anderen Begleiter wenden möge.

– *Kontrolle*
„Warum kommst du erst heute/jetzt?" „Wo warst du so lange?" – Diese Fragen vermitteln das Gefühl, dass der Leidende Kon-

trolle über den Begleiter gewinnen möchte. Er nimmt die Begleitung nicht als Geschenk an, sondern will Begleitung kontrollieren und dirigieren.

Begleiter sind frei. Dies gilt im hauptamtlichen und erst recht im ehrenamtlichen Bereich. Dessen sollten sich vor allem die Ehrenamtlichen im Besuchsdienst ständig bewusst sein.

— *Ständige Bindung an den Leidenden*

„Denk an mich!" „Bete für mich!" – Es gibt Leidende, die haben den Anspruch an den Begleiter, dass er sich nach dem Kennenlernen seines Leids nur noch gedanklich und emotional mit seinem Leid beschäftigen soll. Ständig soll man an ihn denken, immerzu für ihn beten.

Sinnvoller ist, in den Stunden und Minuten des Zusammenseins ganz für ihn da zu sein und dann sich wieder zu lösen, um wieder ganz für den Nächsten da zu sein.

Der Begleiter wäre für den Nächsten gar nicht mehr frei, wenn er sich – nach den Wünschen des Leidenden – nur noch mit ihm beschäftigen soll.

Wie verschieden die Erscheinungsformen auch sein mögen, wichtig ist, sich als Begleiter vor deren Wirkung zu schützen. Ich fange in der Situation keine Diskussion an, sondern sage „Ja, ich werde an sie denken" und belasse beim Verlassen des Krankenzimmers alles dort. Ich sage ihnen „Ja, ich werde für sie beten" und schicke sogleich ein Stoßgebet zum Himmel, dass Gott diesem Leidenden beistehen möge. Mit dieser Erfüllung meiner Zusage verlasse ich dann befreit das Krankenzimmer.

Es steht Ihnen frei, den kraftraubenden Wünschen und Forderungen eines Leidenden (ein Stück weit) nachzukommen. Sie sollten es sich aber in jedem Fall bewusst machen, um sich gegen die Wünsche und Forderungen abgrenzen zu können, sobald es Ihnen zu viel wird.

Sie haben die Verpflichtung des höchsten christlichen Gebotes, sich selbst wie den anderen zu lieben (Mt 19,18f; 22,36–39; Mk 12,28–31; Lk 10,27). Selbst Ihre Liebe zu Leidenden sollte nicht dauerhaft größer sein als Ihre Liebe zu sich selbst. Daher ist bei vereinnehmenden Leidenden Abgrenzung zwingend notwendig.

8.2 Die eigenen Grenzen erkennen und achten

Bei aller Liebe zum Leidenden und allem Verständnis gegenüber dem Leidenden, sollte sich der Begleiter selbst nie aus dem Blick verlieren. Wenn es ihm nicht gut geht, kann er nicht trösten. Wenn er keine Kraft hat, kann er nicht mittragen. Wenn er müde ist, kann er nicht zuhören. Wenn er keine Zeit hat, kann er nicht begleiten.

Daher ist es wichtig, dass Begleiter auf sich selbst achten und für sich selber sorgen. Diese Selbstverantwortung nimmt ihnen niemand ab. Sie können sie auch an niemanden delegieren.

Ein Jesuswort kann hierzu eine wichtige Orientierungshilfe sein, wie dies konkret gelebt werden kann. Jesus wurde einmal die Frage nach dem wichtigsten Gebot gestellt. Er gab zur Antwort:

> *Du sollst den Herrn, deinen Gott, lieben*
> *mit ganzem Herzen, mit ganzer Seele und mit all deinen Gedanken.*
> *Das ist das wichtigste und erste Gebot. Ebenso wichtig ist das zweite:*
> *Du sollst deinen Nächsten lieben wie dich selbst.*
>
> (Mt 22,37–39)

Der zweite Teil der Antwort soll hier näher ins Blickfeld genommen werden. „Du sollst deinen Nächsten lieben wie dich selbst." Zunächst handelt es sich um eine Forderung, die mit „Du sollst" eingeleitet ist. Es heißt nicht, „Du darfst". Dies ist eine klare Handlungsanweisung.

„Du sollst deinen Nächsten lieben wie dich selbst" Dieser Satz lässt sich ohne Sinnänderung umkehren: „Du sollst dich selbst lieben wie deinen Nächsten." Dies ist für fromme Ohren etwas ungewohnt, ist aber der gleiche Aussagegehalt.

Da von Vertretern der Kirche häufig nur von der Gottes- und Nächstenliebe gepredigt wird, die Selbst- bzw. Eigenliebe hingegen oft als sündhaft hingestellt wird, ist besonders bei religiös geprägten Menschen ein großes Potential an Nächstenliebe vorhanden, aber oft wenig Eigenliebe. Diesen Menschen sei hier eine andere Form dieses wichtigsten Gebots gesagt: „Du sollst deinen Nächsten nicht mehr lieben als dich selbst."

Unter den Leidenden gibt es nicht nur arme und hilflose Menschen, sondern vereinzelt auch „Beißzangen" und „Blutsauger".

Gemäß dem wichtigsten Gebot kann es für Begleiter durchaus gerechtfertigt sein, Grenzen zu setzen.

Diese Grenzen sind sehr individuell. Was für den einen schon unerträglich ist, kann ein anderer noch als unterhaltsam ansehen. Wichtig ist aber, dass Begleiter ihr eigenes Wohl im Blick behalten und gegenüber dem Leidenden auch schützen.

In einer Gruppe „Ehrenamtlicher im Krankenbesuchsdienst in Klinik und Pfarrei", die ich monatlich supervisorisch begleite, erzählte Frau S. von einem Mann, den sie in der Pfarrei alle zwei Wochen besucht. Er wurde wegen seiner Krankheit frühberentet und kann nicht aus dem Haus. Seine Frau ließ sich von ihm scheiden. Außer von Frau S. bekommt er kaum Besuch. Wenn sie ihn besucht, bekommt sie zumeist Klagen zu hören, wie schlecht doch die Welt sei und dass die Kirche ihrem Auftrag der Nächstenliebe nicht nachkomme. Mitunter machte er ihr direkte Vorwürfe, dass auch Sie zu wenig für ihn täte. Dies machte ihr ein schlechtes Gewissen, spornte sie aber gleichzeitig dazu an, den armen Mann weiter zu besuchen und ihm noch mehr Nächstenliebe zuteil werden zu lassen. Auch hätte er gerne mit ihr Sex, da er schon seit vielen Jahren „keine Frau mehr hatte". Man könne doch einem Menschen solch ein Grundbedürfnis nicht verweigern.

Schließlich brachte Frau S. den Mut auf, in der Gruppe über diesen Mann zu sprechen. Mit der Vorgabe, den Nächsten nicht mehr zu lieben als sich selbst, fiel das schlechte Gewissen von Frau S. ab. Sie besuchte diesen Mann nun voller Selbstbewusstsein und setzte ihm engere Grenzen. Nach einem Jahr gab sie ihm die Schlüssel zurück und kündigte ihm den Besuchsdienst, da er immer noch viel zu viel Kraft kostete. Auf die Frage, wie es ihr damit gehe, antwortete Frau S. mit einem Lächeln auf dem Gesicht kurz und bündig: „Gut".

Hilfsbereitschaft hat dort ihre Grenzen, wo der Begleiter beginnt, sich unwohl zu fühlen. Jedes Unwohlsein ist ein erstes Anzeichen, darauf zu achten, wo die Ursachen liegen. Manche Trauernden sind nach dem Tod eines geliebten Menschen derart verbittert, dass der Umgang mit ihnen schwer fällt. Immer wieder bekommt man von ihnen Vorwürfe, Verbitterung gegen Gott und Neid gegenüber allen glücklichen Menschen zu hören. Von der Sache her kann man es nachvollziehen. Man darf hier einen anderen Maßstab anlegen, die besondere Lebenslage berücksichtigen. Wenn die Begleitung eines „schwierigen" Leidenden jedoch zu einer so großen Last wird, sollte dies offen angesprochen werden. Aber wie macht man das?

Ich-Form
Eine Grundregel in Konfliktgesprächen lautet: Teile dein Anliegen so mit, wie du selbst es in der Situation gesagt bekommen willst. Dieser Rat ist sicher nicht falsch, er hilft nur demjenigen nicht weiter, der wenig oder gar keine Erfahrungen mit gut geführten Konfliktgesprächen hat. Aus diesem Grunde eine weitere wichtige Grundregel: Verwenden Sie die Ich-Form.

In der Ich-Form wird ausschließlich von der eigenen Person gesprochen. Die eigenen Gefühle und Wünsche werden geäußert. Gegenüber der Du-Form wirkt sie der Eskalation entgegen, da sie keine Vorwürfe macht, sondern dem Gesprächspartner Einblick gewährt, was in Ihnen vorgeht.

Du-Form	**Ich-Form**
Du hast mich damit verletzt.	Ich fühle mich dadurch verletzt.
Du nützt mich aus.	Ich fühle mich von dir ausgenützt.
Du raubst mir den letzten Nerv.	Mir geht es bei dir immer schlechter.
Du hast Schuld daran.	Ich trug auch zu dieser Situation bei.

Selbstverständlich hat der Andere diese Gefühle ausgelöst, doch den damit verbundenen, nicht ausgesprochenen Vorwurf hat sich der Andere zu machen. In der Ich-Form geht es wesentlich darum, dass der Andere in einer Art Rückmeldung (Feedback) erfahren soll, was er mit seinen Worten und Taten bei Ihnen auslöst.

Wünsche klar benennen
Zu äußern, dass Sie sich bei diesem konkreten Wunsch des Leidenden überfordert sehen, ist nur der erste Schritt. Damit weiß der Leidende noch nicht, was Sie zu geben bereit sind, was er von Ihnen

erwarten darf. Wenn Sie ihm mitteilen, dass Sie kürzer treten müssen, weiß er noch nicht, was das konkret bedeutet. Mit der konkreten Aussage, dass Sie statt drei Mal in der Woche nur noch zwei Mal oder einmal kommen werden, weiß der Leidende genau Bescheid. Er sieht sich nicht im grenzenlosen Ozean des Leids ertrinken, sondern hat diese „Leuchttürme" seines Lebens, an denen er sich halten und orientieren kann.

Wenn Sie dem Leidenden in der Zurückweisung von Wünschen oder bei der Zurücknahme von regelmäßigen Leistungen (z. B. Häufigkeit des Besuchs) klar Ihre Grenzen aufzeigen, bedeutet dies für den Leidenden nicht nur ein „Nein" zu dem, was er erwartet, sondern gleichzeitig auch ein „Ja" zu dem, was er bekommt. Das gibt dem Leidenden wiederum Sicherheit.

Bei einem Konfliktgespräch sollte es nie um die Person gehen, sondern immer nur um ein bestimmtes Verhalten. Der andere sollte nie das Gefühl bekommen, dass er als Mensch abgelehnt wird.

Man soll den Menschen die Wahrheit
nicht wie einen nassen Lappen um die Ohren schlagen,
sondern sie ihnen wie einen Mantel hinhalten,
in den sie hineinschlüpfen können.
(Max Frisch)

8.3 Die Grenzen der eigenen Kompetenz erkennen

„Einem Leidenden kann kaum etwas Schlimmeres passieren, als dass ein Begleiter seine Grenzen nicht erkennt und noch immer am Leidenden festhält." Diese Worte einer Witwe mit der Erfahrung vieler Therapien zeigen deutlich, dass Missachtung der eigenen Grenzen dem Leidenden schadet.

Das Nicht-erkennen der eigenen Grenzen lindert kein Leid. Am deutlichsten kommt dies zum Ausdruck, wenn der Leidende körperliche Schmerzen hat. Da kann die Anteilnahme des Begleiters noch so groß sein, sie wird die körperlichen Schmerzen nicht nehmen. Was dem Leidenden hilft, das sind entsprechende Schmerzmittel. Wenn der Begleiter ihm diese nicht geben kann oder darf – z. B. im Krankenhaus –, sollte er veranlassen, dass der Leidende die benötigten Schmerzmittel erhält. Damit gibt der Begleiter den Leidenden für den Zeitraum dieser Behandlung an andere ab.

Die Grenzen der Kompetenz des Begleiters können sich auf Unterschiedliches beziehen:

– *Körperliche Schmerzen*
Körperliche Schmerzen können nicht weggeredet werden. Der Leidende benötigt die entsprechenden Schmerzmittel. Diese müssen ihm vom Arzt verordnet und vom Pflegepersonal gegeben werden.

– *Seelische Schmerzen, Schuld*
Seelische Schmerzen und Schuld können schwer auf der Seele eines Menschen lasten. Hier kann oft ein Gespräch mit einem Seelsorger die Qualen nehmen oder lindern. Wenn es um Schuld oder Schuldgefühle geht, ist eine Empfehlung an einen guten Beichtvater oft sehr hilfreich.

– *Psychische Probleme*
Wenn der Leidende psychische Probleme hat, ist es durchaus sinnvoll, mit ihm weiterhin normalen Umgang zu pflegen, soweit dieser möglich ist. Damit ihm jedoch geholfen wird, sollte er an Psychologen oder Psychiater verwiesen werden. Eine entsprechende Therapie oder gute medikamentöse Einstellung kann das Leid lindern oder beheben.

– *Verständigungsprobleme*
Wenn die eigenen Erfahrungen des Begleiters schwer zum Thema des Leidenden passen, ist es oft das Beste, ihn auf eine Selbsthilfegruppe zu verweisen.

– *Unfähigkeit zum Tun*
Krankheit und Alter führen häufig zum Verlust von Fähigkeiten. Dieser Verlust schränkt das Leben oft stark ein. Wenn der Leidende dauerhaft Pflege benötigt, sollte diese organisiert werden. Wenn der Leidende darüber hinaus eine Betreuung benötigt, sollte diese in die Wege geleitet werden.

In jedem Fall ist es von Vorteil, wenn die notwendigen Schritte zunächst mit dem Leidenden besprochen werden. Im Falle von Schmerzen genügt meist ein: „Ich sage es der Schwester, dass du Schmerzen hast." Wenn jedoch eine Betreuung ansteht, sollte diese nicht mit einem Satz abgetan, sondern ausführlich mit dem Leidenden besprochen werden.

Wie so oft im Leben und erst recht beim Trösten, kommt es auch hierbei sehr auf die Wortwahl an. Für den Leidenden ist es ein großer Unterschied, ob zu ihm gesagt wird „Dafür bin ich nicht zuständig." Du solltest zu einem Psychiater gehen." oder „Hier weiß ich auch nicht weiter, aber hast du schon mal daran gedacht, zu einem Psychiater zu gehen? Wenn du keinen kennst, höre ich mich gerne für dich um, wer dir gut helfen kann."

Diese Gegenüberstellung zeigt auf, dass es für den Leidenden wohltuend ist, keine Handlungsanweisung zu erhalten, sondern einen einladenden Hinweis. Bei letzterem hat er die Freiheit, das Angebot anzunehmen. Beim Appell muss er sich ggf. dagegen wehren.

Manchmal ist es die beste Hilfe,
einen Leidenden abzugeben.

9. Trost finden in Glaube und Religion

9.1 Die religiöse Sinnkrise

Leid wirft Fragen auf, die eine tiefe Sinnkrise auslösen können:
Warum trifft mich dieses Leid? Warum jetzt? Warum so? Warum lässt Gott es zu? Warum hat Gott ihr/ihm/mir nicht geholfen? Was habe ich Schlimmes getan, dass Gott mich derart straft?

Neben diesen Warum-Fragen gibt es auch andere Glaubensfragen. Im Leid wird immer wieder Gott selbst in Frage gestellt: Wo ist dieser gerechte Gott? Gibt es denn diesen Gott überhaupt? Ist Gott doch nur eine Projektion des Menschen, wie es Feuerbach formulierte?

Eine Falle, in die Begleiter bei solchen religiösen Fragen allzu leicht tappen – auch (besonders?) die Theologen – ist der Versuch, sie vorschnell zu beantworten. Angesichts der aus dem Leid geborenen Fragen steht es uns aber besser an, unsere Unwissenheit einzugestehen. Alle philosophischen und theologischen Bemühungen, die Fragen des Leids zu beantworten, sind nur Versuche, aber keine letztgültigen Aussagen.

> *Religiöse Antworten über das Warum sollten nicht gegeben, bereits vorhandenen Antworten nicht widersprochen werden.*

Gläubige „Tröster" lassen sich vorschnell zu frommen Sprüchen und Bibelzitaten verführen, die Trost zusprechen sollen. Nicht selten bescheren diese Antworten dem Leidenden nur weiteres Leid.

Falscher Trost *und seine Wirkung*	Echter Trost *und seine Wirkung*
Gott lädt einem nicht mehr auf, als man tragen kann. Dies kann zwar die Glaubensüberzeugung des „Trösters" sein, muss aber nicht für den Trauernden stimmen. Wenn dessen Glaube nicht gleich ist, verletzt dies nur. Diesen Satz sollte man nur dort bekräftigen, wo er vom Leidenden genannt wird. Für ihn ist es Ausdruck, dass ihm nichts Schwereres widerfährt als er tragen kann und dass ihm Gott diese Kraft zum Tragen geben wird.	**Ich frage mich, ob ich dir die Liebe Gottes erfahrbar machen kann, indem ich jetzt für dich da bin.** Sie geben damit klar ihr Ziel bekannt. Der Leidende soll durch Ihr Dasein die Liebe Gottes erfahren. Gleichzeitig geben Sie auch ihre Zweifel zu, ob der Leidende diese Sichtweise teilen kann. Wenn er eine andere Sichtweise hat, können Sie sich darauf einstellen.
Gott macht keine Fehler. Dass Gott keine Fehler macht, ist eine Annahme von Menschen, die nicht von allen geteilt wird. Gerade Leidende haben hier ihre berechtigten Zweifel. Der Satz beinhaltet die Aussage, dass Gott dieses Leid verursacht hat. Er beantwortet jedoch nicht die Frage nach dem Warum. Der Leidende wird mit seinem Leid alleine gelassen mit der Vorgabe, dass es schon richtig sei, was er jetzt erleidet. Dies erhöht den Leidensdruck.	**Ich frage mich auch, warum Gott so etwas zulässt.** Sie geben damit Ihre Unwissenheit zu und solidarisieren sich mit dem Leidenden. Dies schafft emotionelle Nähe.

Das ist eine Prüfung Gottes.	**Kannst du spüren, dass Gott dich auch in deinem Leid nicht verlässt, dass er dich darin begleitet, dich hindurchträgt?**
Diese Annahme geht zurück auf das Buch Ijob im Alten Testament. Es beschäftigt sich mit der Frage, warum auch der Gerechte leiden muss, warum auch ihn Leid trifft. Die alte Annahme, dass Leid nur den Sünder trifft, wurde schon im Buch Ijob in Frage gestellt. Die Antwort des Buches Ijob lautet, dass Leid eine Prüfung Gottes sei. Für den Leidenden ist dieser (unbewusste) Verweis auf das Buch Ijob kein Trost. Es stellen sich damit neue Fragen, die quälen: Habe ich diese Prüfung bestanden? Woran erkenne ich, dass ich diese Prüfung bestanden habe? Warum werde ich geprüft?	Es ist ein vorsichtiges Herantasten, ob der Leidende in seinem Leid noch eine Spur von Gottes Wirken verspürt. Es wird nichts vorgegeben, sondern Schritt für Schritt gemeinsam erarbeitet.
Wer weiß, was du Schlimmes getan hast, dass Gott dich so straft.	**Ich glaube nicht, dass Gott straft. Nur verstehe ich Gott hier auch nicht.**
Dieser Satz ist wohl die schlimmste religiös motivierte Verletzung. Auch sie ist immer noch anzutreffen. Auch wenn sie nicht ernst gemeint sein sollte, so trifft sie mitten ins Herz. Der Leidende kann sich noch so sehr gegen den Satz wehren, dieser wird seine Wirkung hinterlassen. Der Satz vermittelt das Bild eines strafenden Gottes. Der Leidende quält sich beständig mit der Frage, worin seine Schuld bestehen könnte, dass Gott ihn so sehr bestraft.	Dies ist ein Glaubensbekenntnis. Sie setzen der Frage, warum Gott den Leidenden straft, Ihren Glauben entgegen, dass Gott nicht straft. Näher müssen Sie darauf nicht eingehen, Ihren Glauben nicht begründen. Um einer möglichen Warum-Frage vorzubeugen, sollte gleich ein Bekenntnis nachgeschoben werden, dass Sie hier Gott nicht verstehen oder ein ähnliches Eingeständnis. Es sollte beinhalten, dass Sie keine Antwort auf eine Warum-Frage wissen.

„Fromme" Menschen verwenden besonders gern Bibelzitate zum Trösten. Gegen diese „Worte Gottes" aufzubegehren, kommt einer Rebellion gegen die Bibel, den Glauben und Gott gleich. Bibelzitate genügen höchsten Ansprüchen und können von keinem Menschen widerlegt werden. Wenn sie für den Leidenden nicht passen, können sie aber eine verhehrene Wirkung haben.

Falscher Trost *und seine Wirkung*	**Echter Trost** *und seine Wirkung*
Wen Gott liebt, den züchtigt er. (Verweis auf Hebr 12,7) Hier liegt ganz deutlich ein strafendes Gottesbild vor. Dass diese Vorstellung nicht immer haltbar ist, zeigt schon das Buch Ijob im Alten Testament: Auch den Gerechten trifft Leid.	**Auch ich begegne hier einem Gott, den ich nicht verstehe.** Mit diesem Glaubensbekenntnis geben Sie Ihre Kapitulation vor der Theodizee-Frage offen zu und solidarisieren sich mit dem Leidenden. Dies tröstet.
Gott hat dein Kind zu sich genommen. Diese Aussage mag als Anspielung auf Joh 14,2 („Im Haus meines Vaters gibt es viele Wohnungen ... Ich gehe, um einen Platz für euch vorzubereiten.") gelten. Sie drückt jedoch aus, dass Gott der Handelnde war, als das Kind gestorben ist. Gott ließ das Kind sterben, noch härter ausgedrückt: Gott hat das Kind getötet. Ein solches Gottesbild vergrößert die Wut auf Gott, da es ihn im schlimmsten Fall als (Kinds-)Mörder darstellt.	**Ich vertraue darauf, dass dein Kind nun bei Gott ist.** Sie sprechen hiermit von Ihrem Glauben. Der Trauernde kann nachfragen, worauf Sie Ihren Glauben stützen. Dann steht es Ihnen frei, den Bezug zu Joh 14,2 herzustellen. Gott ist nach dieser Aussage nicht der Handelnde, sondern der Ort des verstorbenen Kindes. Damit trösten Sie viele gläubige Menschen.

Falscher Trost *und seine Wirkung*	Echter Trost *und seine Wirkung*
Gott hat euer Kind lieber als ihr. Daher hat er es zu sich genommen. Dieser Ausspruch drückt aus, dass die Eltern ihr Kind nicht ausreichend geliebt hätten. Damit kommt zu den bereits vorhandenen Schuldgefühlen auch noch der Vorwurf hinzu, das Kind nicht ausreichend geliebt zu haben. Damit trage man direkt Schuld am Tod des Kindes.	**Ich weiß auch nicht, warum euer Kind sterben musste, aber ich vertraue darauf, dass es nun bei Gott ist und es ihm dort an nichts fehlt.** Mit der ersten Hälfte des Satzes solidarisiert sich der Begleiter mit den verwaisten Eltern, indem er auch nicht weiß, warum das Kind starb. Mit der zweiten Hälfte des Satzes wird Hoffnung vermittelt, dass es dem Kind gut geht. Dies ist für viele verwaiste Eltern eine sehr wichtige und auch tröstende Aussage.

Außerhalb der Liturgie sind Bibelzitate für das Trösten eine höchst heikle Angelegenheit. Sie mögen für den „Tröster" als stimmig erscheinen und als richtig angesehen werden, für den Leidenden können sie jedoch als völlig unpassend erscheinen, auch wenn er gläubig ist.

9.2 Riten und Rituale

Als katholischer Klinikseelsorger werde ich immer wieder zu Sterbenden und Verstorbenen gerufen. In einem Abschiedsritus bringe ich das Lebensende dieses Menschen in Worten und Gesten zum Ausdruck. Dabei spreche ich die dafür vorgesehenen Gebete, trage die dazugehörenden Bibeltexte vor und vollziehe die entsprechenden Riten. Im Wesentlichen sind dies:
1. die Anwesenden zur Feier begrüßen,
2. das Erbarmen Gottes für den Sterbenden bzw. den Verstorbenen im Kyrie-Ruf erbitten,

3. Eingangsgebet beten,
4. Vortragen eines Textes aus der Bibel,
5. Fürbitten des Abschieds beten,
6. dem Sterbenden bzw. Verstorbenen die Hände zum Segen auflegen,
7. den Sterbenden salben bzw. den Verstorbenen aussegnen,
8. das Vaterunser beten,
9. das Schlussgebet beten,
10. den Schlusssegen für alle Anwesenden erbitten.

Anwesende Angehörige und Freunde lade ich an folgenden Stellen ein, hierbei mitzuwirken:
– Die Anwesenden antworten beim Kyrie-Ruf mit „Herr, erbarme dich", „Christus, erbarme dich", „Herr erbarme dich";
– die Anwesenden antworten nach jeder Fürbitte mit „Wir bitten dich, erhöre uns";
– die Anwesenden legen dem Sterbenden bzw. dem Verstorbenen zum Segen die Hände auf;
– bei der Aussegnung lade ich die Anwesenden auch ein, dem Verstorbenen mit dem Weihwasser ein Kreuzzeichen auf die Stirn zu machen;
– gemeinsam beten wir das Vaterunser.

Bis auf die Teile der Segnung bzw. Salbung entsprechen alle Teile einem ganz normalen Gottesdienst. Durch das ihnen Vertraute fühlen sich die Gläubigen hineingenommen in eine ihnen von der Struktur her bekannte Liturgie. Ihr wird die Salbung des Sterbenden bzw. die Aussegnung des Verstorbenen eingefügt.

Fast immer vollziehen die Anwesenden das Auflegen der Hände zum Segen und das Bekreuzen des Toten mit Weihwasser. Dabei kommt es immer wieder zu herzzerreißenden Szenen, bei denen der Sterbende bzw. der Verstorbene liebevoll geküsst und inniglich umarmt wird. Auf solche Segenshandlungen lassen sich die meisten Menschen ein, auch wenn sie bei den Antworten von Kyrie und Fürbitten stumm bleiben.

Rituale müssen nicht immer einen Bezug zu Gott haben. Aber es ist es wichtig, Riten und Rituale zu kennen, um sie dann vollziehen

zu können, wenn man sie braucht. Im Zusammenhang mit dem Tod gibt es folgende Riten:
- Segnung des Sterbenden bzw. Verstorbenen,
- den Toten aufbahren,
- sich vom Verstorbenen verabschieden,
- den Leichnam bestatten,
- den Hinterbliebenen kondolieren,
- die Trauernden besuchen,
- die Hinterbliebenen an den Jahrestagen anrufen oder ihnen schreiben.

Daneben gibt es verschiedene Abschiedsrituale, die aus den verschiedensten Gründen begangen werden. Besonders nach einer Katastrophe, wenn kein Leichnam vorhanden ist, können diese Abschiedsriten eine im Trauerprozess wichtige Aufgabe erfüllen.
- Einrichten einer Trauerecke zuhause,
- Luftballons (mit Abschiedsbrief) steigen lassen,
- kleines Schiffchen mit Teelicht und/oder Abschiedsbrief dem Fluss, See oder Meer übergeben,
- Aufsuchen der Unglücksstelle,
- Erinnerungsstätte errichten.

Riten drücken das aus, was Worte nicht zu sagen vermögen.

Auch bei kleinen Gesten, die als Rituale gelten können, sind Fehler möglich:

Falscher Trost *und seine Wirkung*	**Echter Trost** *und seine Wirkung*
Menschen erscheinen bei der Bestattung in normaler Straßenkleidung. Diese Menschen nehmen zwar an der Bestattung teil, solidarisieren sich jedoch nicht in der Wahl ihrer Kleidung mit der trauernden Familie.	**Sie erscheinen bei der Bestattung in schwarzer Kleidung.** Sie solidarisieren sich in der Wahl Ihrer Kleidung mit der trauernden Familie. Auch wenn es für Sie rein äußerlich ist, für die Familie ist dies ein Zeichen der Anteilnahme.

Der Trauernde erhält einen kurzen Anruf mit nichtssagenden Worten der Anteilnahme. Es ist immerhin mehr als nichts. Gesprochene Worte besitzen jedoch nur eine begrenzte Haltbarkeit. Schnell sind sie vergessen, so gut sie auch gewesen sein mögen.	**Der Trauernde erhält eine Trauerkarte mit persönlichen Worten der Anteilnahme.** Persönliche Worte besitzen einen eigenen Stellenwert. Sie können durch Worte eines Dichters oder Schriftstellers unterstützt werden. Das Schriftliche besitzt jedoch Ewigkeits-Charakter. Es erbleicht selbst nach Jahren noch nicht.
Dem Trauernden wird beim Besuch der neueste Bestseller als Geschenk mitgebracht. Es kann durchaus sein, dass der Trauernde dieses Buch gerne liest. Es ist jedoch die Frage, ob er dieses Buch jetzt gerne liest. Das Geschenk geht nicht auf seine momentane Situation als Trauernden ein.	**Dem Trauernden wird beim Besuch ein Buch über Tod, Trauer oder Trost als Geschenk mitgebracht.** Sie bringen damit zum Ausdruck, dass sie ihn als Trauernden anerkennen und akzeptieren. Er darf bei Ihnen trauern und muss nicht funktionieren.
Dem über viele Wochen Kranken wird beim Besuch nichts mitgebracht. Die Tatsache des Krankenbesuchs darf in seiner Wirkung nicht unterschätzt werden. Es ist jedoch ein Besuch, d. h. nach einigen Minuten oder Stunden ist der Kranke wieder alleine. Kleine Geschenke und Aufmerksamkeiten können die Lebensqualität des Kranken deutlich verbessern, auch wenn sie am Zustand der Krankheit nichts verändern.	**Dem über viele Wochen Kranken wird beim Besuch etwas mitgebracht, was ihn erfreut oder die Zeit des Krankseins schneller vergehen lässt.** Für den einen kann dies ein Blumenstrauß oder ein Buch sein, der zeigt, dass jemand an ihn denkt. Für den anderen ist dies sein Laptop oder eine Fachzeitschrift, eine Musik-CD für den MP3-Player oder ein Wecker mit großer Uhr.

Der Emmaus-Jünger – ein Vorbild für den guten Begleiter

Das für mich schönste biblische Beispiel einer guten Begleitung ist die Begegnung Jesu nach seiner Auferstehung mit den beiden Jüngern, die von Jerusalem nach Emmaus unterwegs waren. Auf ihrem etwa 11 km langen Weg begegnete ihnen der Auferstandene (Lk 24,13–35):

> Am gleichen Tag waren zwei von den Jüngern auf dem Weg in ein Dorf namens Emmaus, das sechzig Stadien von Jerusalem entfernt ist. Sie sprachen miteinander über all das, was sich ereignet hatte. Während sie redeten und ihre Gedanken austauschten, kam Jesus hinzu und ging mit ihnen. Doch sie waren wie mit Blindheit geschlagen, so dass sie ihn nicht erkannten. Er fragte sie: Was sind das für Dinge, über die ihr auf eurem Weg miteinander redet? Da blieben sie traurig stehen, und der eine von ihnen – er hieß Kleopas – antwortete ihm: Bist du so fremd in Jerusalem, dass du als Einziger nicht weißt, was in diesen Tagen dort geschehen ist? Er fragte sie: Was denn? Sie antworteten ihm: Das mit Jesus aus Nazaret. Er war ein Prophet, mächtig in Wort und Tat vor Gott und dem ganzen Volk. Doch unsere Hohenpriester und Führer haben ihn zum Tod verurteilen und ans Kreuz schlagen lassen. Wir aber hatten gehofft, dass er der sei, der Israel erlösen werde. Und dazu ist heute schon der dritte Tag, seitdem das alles geschehen ist. Aber nicht nur das: Auch einige Frauen aus unserem Kreis haben uns in große Aufregung versetzt. Sie waren in der Frühe beim Grab, fanden aber seinen Leichnam nicht. Als sie zurückkamen, erzählten sie, es seien ihnen Engel erschienen und hätten gesagt, er lebe. Einige von uns gingen dann zum Grab und fanden alles so, wie die Frauen gesagt hatten; ihn selbst aber sahen sie nicht. Da sagte er zu ihnen: Begreift ihr denn nicht? Wie schwer fällt es euch, alles zu glauben, was die Propheten gesagt haben. Musste nicht der Messias all das erleiden, um so in seine Herrlichkeit zu gelangen? Und er legte ihnen dar, ausgehend von Mose und allen Propheten, was in der gesamten Schrift über ihn geschrieben steht. So erreichten sie das Dorf,

zu dem sie unterwegs waren. Jesus tat, als wolle er weitergehen, aber sie drängten ihn und sagten: Bleib doch bei uns; denn es wird bald Abend, der Tag hat sich schon geneigt. Da ging er mit hinein, um bei ihnen zu bleiben. Und als er mit ihnen bei Tisch war, nahm er das Brot, sprach den Lobpreis, brach das Brot und gab es ihnen. Da gingen ihnen die Augen auf, und sie erkannten ihn; dann sahen sie ihn nicht mehr. Und sie sagten zueinander: Brannte uns nicht das Herz in der Brust, als er unterwegs mit uns redete und uns den Sinn der Schrift erschloss? Noch in derselben Stunde brachen sie auf und kehrten nach Jerusalem zurück, und sie fanden die Elf und die anderen Jünger versammelt. Diese sagten: Der Herr ist wirklich auferstanden und ist dem Simon erschienen. Da erzählten auch sie, was sie unterwegs erlebt und wie sie ihn erkannt hatten, als er das Brot brach. (Lk 24,13–35)

Dieser Bibeltext ist für die Begleitung Leidender in vielfacher Weise bezeichnend und hilfreich.

Zuhören, auch wenn man den Inhalt kennt

Jesus wusste sehr wohl, was geschehen war. Schließlich war er in diesem Geschehen die Hauptperson. Dennoch stellt er sich unwissend und lädt die beiden Jünger dazu ein, ihm alles zu erzählen, was sie bedrückt.

Die beiden Jünger konnten also erst einmal „Dampf ablassen". Sie konnten einem scheinbar Unwissenden alles erzählen, was sie innerlich so aufgewühlt hatte, was sie bewegte. Alleine darin liegt schon Trost.

Darüber hinaus ist das Zuhören auch sehr wichtig, um sich ein umfassendes Bild von der Lage des Leidenden machen zu können. Trauernde und andere schwer Leidende erzählen auch nach Wochen, Monaten und Jahren noch immer das Gleiche. An ihrem Leid hat sich seither nichts verändert. Es ist nach wie vor geblieben. Der geliebte Mensch fehlt ihnen noch immer.

Wie Jesus sollten Begleiter auch immer wieder zuhören, auch wenn sie selbst schon die Geschichte auswendig kennen.

Die Wirklichkeit weicht von der Realität ab

Wirklichkeit und Realität sind nicht immer deckungsgleich. Sie weichen mitunter voneinander ab:

- Wirklichkeit ist das, was wirkt.
- Wir erleben den Sonnen*untergang*. „Untergang" ist meist mit einer Katastrophe verbunden, z. B. der Untergang der Titanik. Viele Mythen haben sich zum Untergang der Sonne entwickelt, bis schließlich das heliozentrische Weltbild eine neue Sicht brachte.
- Realität ist, was real ist.
- Die Erde dreht sich um die Sonne. Dadurch verlieren wir nachts die Sonne aus unserem Blickfeld. Die Sonne geht nicht unter, sondern entschwindet nur unserm Blickfeld.

Manchmal hat der Leidende eine eigene Sicht der Dinge, die sich mit der Realität nicht immer deckt:

> An einem sonnigen Oktobertag des Jahres 2004 erlitt ich bei einem Fahrradunfall in Karlsruhe einen Kieferbruch. 6 Wochen lang waren meine Zähne zusammengedrahtet, damit der Knochen wieder zusammenwachsen konnte. Ich fühlte mich soweit gut. Ich hatte keine Schmerzen. Meine beiden Hindernisse waren, dass ich nichts essen konnte, nur trinken, und dass ich nichts sagen konnte, alles aufschreiben musst. Die Menschen um mich herum haben mich über diese Einschränkungen sehr bedauert. Sie litten oft mehr. Ich sah dies anders: Trotz ausgedehnter Wanderungen nahm ich in den ersten 4 Wochen 2 Kilogramm zu. Außerdem genoss ich es mitunter, nichts sagen zu können.

Oft kommen eigene Vorstellungen der Menschen hinzu, die vom tatsächlichen Hergang abweichen:

Beim Trösten ist es wichtig, mit der Fassung des Leidenden zu beginnen. Das ist das, was bei ihm wirkt. Das ist die Wirklichkeit. Die Realität kann davon abweichen.

Es ist sinnvoll, den Leidenden zu einer Angleichung von Wirklichkeit und Realität zu führen. Alleine dies kann schon tröstend oder heilsam sein. Gelingt dieses Angleichen nicht, sollte nicht auf der Fassung der Realität beharrt werden. Damit verliert der Begleiter den Kontakt zum Leidenden und kann ihn damit nicht weiter begleiten. Wenn der Begleiter die Wirklichkeit des Leidenden der abweichenden Realität nicht angleichen kann, sollte er mit der Wirklichkeit des Leidenden arbeiten. Damit begleitet er ihn.

Gelingt das Angleichen der Wirklichkeit an die Realität nicht, so kann der Begleiter dennoch immer wieder mal die Realität anklingen lassen. Dies sollte jedoch nicht zu häufig erfolgen, um nicht den Kontakt zum Leidenden zu verlieren.

Situation erklären, Informationen liefern

Jesus erklärte den beiden Jüngern die Prophezeiungen des Alten Testaments und ließ sie damit wissen, dass dies alles so geschehen musste, weil es vorhergesagt wurde, weil es Gottes Wille war.

Leidende brauchen Antworten, auch wenn man keine Antwort geben kann. Die Antworten sollten jedoch wahr sein. In Glaubensfragen sollte der Begleiter hinter den Worten seiner Antwort stehen oder offen eingestehen, dass er hier auch keine Antwort darauf hat.

Besonders brennend ist immer wieder die Frage nach dem Warum. Ich kenne diese Antwort auch nicht und gebe dies ganz offen zu. Mit dieser Aufrichtigkeit erlebte ich bisher nur gute Erfahrungen.

Loslassen

Jesus geht zwar mit den beiden Jüngern noch ins Haus und bricht mit ihnen das Brot, doch dann ist er weg.

Auch wenn Leidende zuweilen klammern, sich am Begleiter festhalten und ihn nicht freigeben wollen, ist es wichtig, sich von ihnen zu trennen. Es gibt auch Profis, die damit ihre Schwierigkeiten haben. Sie pflegen ihren Klientenstamm und ihren Fanclub. Damit entlassen sie den Leidenden nicht wieder in seine Selbständigkeit.

Ein guter Therapeut ist nicht der,
der viele Klienten vorweisen kann, sondern der,
der viele in die Selbständigkeit entlässt.

Weiterführende Literatur

Trauerbegleitung
Bischöfliches Ordinariat Regensburg (Hg.): Arbeitshilfe: Trauerbegleitung. Kinder und Trauer. Regensburg 2003.
Ministerium für Kultus, Jugend und Sport Baden-Württemberg (Hg.): Vom Umgang mit Trauer in der Schule. Handreichung für Lehrkräfte und Erzieher/innen. Stuttgart 2006. (kostenlose Broschüre)
Langenhorst, Georg: Trösten lernen? Profil, Geschichte und Praxis von Trost als diakonischer Lehr- und Lernprozeß. Ostfildern 2000.

Kommunikation / TZI / Nicht-direktive Beratung
Cohn, Ruth C.: Von der Psychoanalyse zur themenzentrierten Interaktion. Von der Behandlung einzelner zu einer Pädagogik für alle. Stuttgart 1975.
Hennig, Gudrun & Georg Pelz (2002), *Transaktionsanalyse, Lehrbuch für Therapie und Beratung*, Paderborn.
Langmaack, Barbara: Themenzentrierte Interaktion. Einführende Texte rund ums Dreieck. Weinheim 2000.
Löhmer, Cornelia / Standhardt, Rüdiger (Hrsg.): TZI – Pädagogisch-therapeutische Gruppenarbeit nach Ruth C. Cohn. Stuttgart 1993.
Rogers, Carl R.: Die nicht direktive Beratung, München 1972.
Rogers, Carl R.: Der neue Mensch, Stuttgart 1981.
Rogers, Carl R.: Entwicklung der Persönlichkeit. Psychotherapie aus der Sicht eines Therapeuten. Stuttgart 2000.
Schlegel, Leonhard (1993), *Handwörterbuch der Transaktionsanalyse*, Freiburg.
Schulz von Thun, Friedemann: Miteinander reden. Bd. 1: Störungen und Klärungen. Allgemeine Psychologie der Kommunikation; Bd. 2: Stile, Werte und Persönlichkeitsentwicklung. Differentielle Psychologie der Kommunikation; Bd. 3: Das „innere Team" und situationsgerechte Kommunikation. Reinbek 1981, 1989, 1998.
Schulz von Thun, Friedemann / Stegemann, Wibke (Hrsg.): Das Innere Team in Aktion. Praktische Arbeit mit dem Modell. Reinbek 2004.